Karola Berger

Die Balance des Lebens finden

Feng Shui

Harmonie und inneres Gleichgewicht – durch die uralte chinesische Wissenschaft der Raum- und Lebensgestaltung

südwest

Wohnkultur ohne Schnickschnack: In China und Japan hat man sich früh auf klare Linien und einfache Formen besonnen.

Einrichtung endet nicht bei den Möbeln: Feng Shui beschäftigt sich auch damit, wie mit kleinen Accessoires große optische – und energetische – Wirkungen erzielt werden.

Von der Kraft alter Weisheiten

Feng Shui ist ein uraltes chinesisches Regelsystem, mit dem sowohl die Glück bringenden als auch die nachteiligen Aspekte von Wohnorten und Lebenssituationen ermittelt und beeinflusst werden können. Der Kern dieses Regelsystems ist die Lehre von der unsichtbaren Lebenskraft Chi und ihren Strömungsgesetzen.

Feng Shui bedeutet wörtlich »Wind und Wasser«. Damit ist im bildlichen Sinn gemeint, dass alles, was uns umgibt, fließende Energie ist. Auch wir selbst sind letztlich nur Energie, die fließt.

Chi und der Charakter eines Ortes

Das Chi spielt in der Weltanschauung der Chinesen eine wichtige Rolle: So kann z. B. ein Mangel oder ein Zuviel an Chi die unterschiedlichsten Krankheiten und Beschwerden hervorrufen. Glück und Erfolg eines Menschen, einer Familie oder Firma hängen in hohem Maß davon ab, in welcher Weise das Chi Zugang zur Wohnung oder zu den Geschäftsräumen erhält, und davon, wo es sich sammeln und wirksam werden kann. Darum wurde in China vor dem Bau eines Hauses stets ein Feng-Shui-Berater befragt, der ermittelte, welcher Bauplatz und welcher Grundriss das günstigste Chi auf sich ziehen würden und in welcher Richtung der Eingang liegen sollte. Je wichtiger das Bauwerk, desto unverzichtbarer war die Berücksichtigung von Feng Shui. So wurden beim Bau der Kaiserpaläste in Peking und beim Bau der Chinesischen Mauer vorher alle denkbaren Feng-Shui-Daten zusammengetragen. Während der Kulturrevolution war Feng Shui in China verboten. Die im Ausland lebenden Chinesen haben die Lehre jedoch bewahrt und weiterverbreitet. Heute ist die Zahl ihrer Anhänger wieder im Steigen begriffen, zumal ja auch an vielen alten Gebäuden die Feng-Shui-Prinzipien noch sichtbar und nachvollziehbar sind.

Die Verbreitung des Feng Shui

Feng Shui ist in ganz Südostasien verbreitet, vor allem in Hongkong, Taiwan, Japan, Korea, Thailand, Singapur und Malaysia. Es gibt dort viele Firmen, Banken und Immobilienhändler, die kein neues Gebäude errichten, ohne einen Feng-Shui-Berater hinzuzuziehen. Diese Experten werden oft auch konsultiert, um in bereits bestehenden Häusern, Geschäftsräumen oder Wohnungen ungünstige Situationen durch strukturelle Veränderungen zu verbessern. Man sagt, dass Hongkong und Taipeh nicht zuletzt durch Feng Shui zu den reichsten Städten des Fernen Ostens geworden sind. In Hongkong sollen etwa 90 Prozent der Geschäftsgebäude unter Anwendung von Feng Shui errichtet worden sein.

Es gibt in Fernost etliche Professoren und Politiker, die ihren Erfolg in Wissenschaft und Politik dem Feng Shui zuschreiben.

Die Wirkungsweise von Feng Shui lässt sich wissenschaftlich nicht erklären. Seine Regeln beruhen auf der Auswertung immer wieder beobachteter Zusammenhänge. Es handelt sich bei Feng Shui um eine auf Erfahrung beruhende Lehre, die vom Meister an den Schüler weitergegeben wird. Nicht die Vermittlung von Fachwissen (trocken, analytisch, unabhängig von der Wirklichkeit) steht dabei im Vordergrund, sondern die Erkenntnis der wirkenden Kräfte des Feng Shui.

Inzwischen ist Feng Shui auch in den westlichen Ländern zu einem Begriff geworden, und seine Regeln finden bei immer mehr Menschen Beachtung. Im Mai 1998 fand z. B. in München der erste internationale Feng-Shui-Kongress statt, auf dem prominente Lehrer und Autoren Vorträge und Seminare abhielten.

Unterschiedliche Feng-Shui-Lehren

Im Lauf der Jahrtausende haben sich verschiedene Richtungen des Feng Shui herausgebildet, z. B. die Formenschule, die sich an den Formen der Landschaft mit ihren Bergen, Flüssen u. Ä. orientiert. Je nachdem, ob die Berge spitz oder rund, die Flüsse gerade oder gewunden sind, rechnen sie mit einer anderen Art von Chi.
Die Kompassschule dagegen führt die verschiedenen Wirkungen auf die Himmelsrichtung zurück, aus der das Chi kommt, sei es aus Norden, Osten, Süden, Westen oder aus dazwischen liegenden Richtungen.
Die Anhänger der analytischen Schule erspüren und messen mit Hilfe bestimmter Methoden, mit welcher Art von Chi sie es zu tun haben.
Heute werden häufig Elemente der verschiedenen Schulen miteinander verbunden und auch neue Techniken mit hinzugenommen, so dass man in den meisten Fällen nicht mehr von einer konsequent durchgehaltenen Lehre der einen oder anderen Art sprechen kann.

Die chinesische Harmonielehre Feng Shui blickt auf eine lange Tradition zurück. Mit ihrer Hilfe kann man den Energiefluss des Chi bewusst steuern.

Die Moderne trifft auf die Tradition: In Hongkong werden auch heute noch die meisten Gebäude unter Berücksichtigung alter Regeln des Feng Shui erbaut.

Auf Wohnungssuche mit Feng Shui

Dieses Buch zeigt Ihnen, wie Sie Feng Shui anwenden können. Es beginnt mit der Frage nach der optimalen Lage eines Hauses, beschäftigt sich mit der richtigen Zuordnung der Wohnfunktionen und der günstigsten Aufstellung der Möbel in den einzelnen Räumen und endet bei den dekorativen Kleinigkeiten, die oft eine große Wirkung haben. Dabei ist keine der Regeln unumstößlich; sie sollen vielmehr Anregungen geben, selbst mit den vorgestellten Möglichkeiten zu experimentieren und die Folgen zu beobachten.
Der richtige Moment, um Feng Shui anzuwenden, ist dann gekommen, wenn Sie mit Ihrer Wohnsituation unzufrieden sind und Ihre alte Wohnung umstrukturieren oder sich gar eine neue Bleibe suchen wollen. Nun können Sie Wohngegend und Haus nach ganz neuen Gesichtspunkten beurteilen und dabei alle Feng-Shui-Gesetzmäßigkeiten für sich arbeiten lassen.

Feng Shui zeigt viele Möglichkeiten auf, verbessernd auf die Wohnsituation des Einzelnen einzuwirken. Letzlich hängt es jedoch entscheidend von der inneren Einstellung ab, ob man dieses Instrumentarium für sich nutzen kann.

Ort und Lage von Häusern

Wonach beurteilt man ein Haus, das eine Wohnstätte ist oder sein wird? Ein wichtiger Gesichtspunkt ist seine Lage. Sicher haben Sie in dieser Hinsicht selbst bestimmte Vorstellungen: Sie legen Wert auf eine gute Verkehrsanbindung oder auf eine schöne Aussicht; Sie wünschen sich, dass das Haus auf dem Land oder mitten im Stadtzentrum liegt; dass es einen Garten und viel Sonne hat; dass Sie darin von Lärmbelästigung ver-

Das positive Chi eines Grundstücks lässt sich z. B. daran erkennen, dass es üppig bewachsen ist und sich auch Tiere darauf wohl fühlen.

schont bleiben; usw. Feng Shui zeigt noch etliche weitere Gesichtspunkte auf, die sich bei der Auswahl des Grundstücks als wichtig erwiesen haben.

Berge

Ein Berg hinter dem Haus gilt grundsätzlich als günstig: Er beschützt die Einwohner vor schädlichen Einflüssen und unterstützt sie. Vor dem Haus dagegen blockiert ein Berg das wohltuende Chi und lässt es nicht herankommen. Wenn Ihnen ein solch ungünstig gelegenes Haus gehört, bietet sich als einfachste Möglichkeit an, die Haupteingangstür zu verlegen, d. h., Sie machen den Hintereingang zum Haupteingang. Durch diesen Kunstgriff ist dann hinten, was früher vorn war, und nach der neuen Sichtweise liegt der Berg dort, wo er liegen sollte, nämlich hinter dem Haus. Wenn Sie in der Stadt wohnen, sollten Sie beachten, dass ein breites, hohes Gebäude dieselbe Wirkung auf das Chi haben kann wie ein Berg.

Günstig: Wasser vor, ein Berg hinter dem Haus.

Wasser

Wasser vor oder neben dem Haus hat einen günstigen Einfluss. Das beste Chi hat ein langsam fließender Fluss oder ein sich schlängelnder Bach vor dem Haus. Weniger Glück bringend ist stehendes Wasser, also z. B. ein Teich ohne Abfluss. Denn genauso wie im Teich die organischen Inhaltsstoffe langsam faulen, so wird auch das Chi des Teichs schlecht. Schnell fließendes, reißendes Wasser ist ebenfalls schädlich, weil es zu viel Chi (und damit in letzter Konsequenz den Reichtum der Bewohner) mit sich fortträgt. Wenn Sie an einem solchen Gewässer wohnen, können Sie die schlechten Einflüsse ausschalten, indem Sie eine Mauer zwischen das Haus und das Gewässer bauen. In der Stadt kann eine verkehrsreiche Straße dieselbe Wirkung haben wie ein reißender Fluss; auch sie zieht das Chi vom Haus ab.

Auch ein neu errichtetes Nachbargebäude kann sich negativ auf den Fluss des Chi auswirken. Oft kann man hier mit einer Mauer oder einer dichten Hecke Abhilfe schaffen.

Freie Flächen

Um das Haus herum, vor allem davor, sollte eine freie Fläche, wie z. B. ein Rasenplatz, den ungehinderten Fluss des Chi ermöglichen. Weniger günstig ist ein öffentlicher oder ein Firmenparkplatz vor dem Haus, weil durch das ständige An- und Abfahren der Autos das Chi abgelenkt und verwirbelt wird, so dass es nicht mehr in den Eingang des Wohnhauses gelangt.

Sackgassen

Ihr Haus sollte nicht am Ende einer Sackgasse oder am Kopf einer T-Kreuzung liegen, denn auf der Straße, die auf das Haus zuläuft, sammeln sich ungünstige Einflüsse. Sie strömen mit zunehmender Geschwindigkeit direkt ins Haus und können Unglück und Krankheit oder z. B. auch Kinderlosigkeit verursachen. Das gilt ebenso für geradlinige Bahngleise, Leitungen oder Kanäle, die auf das Haus zu laufen. Die Chinesen glauben, dass böse Geister sich nur in gerader Linie fortbewegen und daher solche Straßen, Gleise und Kanäle bevorzugt als Verkehrswege benutzen.

Ungünstig: Eine Straße läuft direkt auf das Haus zu.

Institutionen

Ein Gefängnis, ein Hospital, eine Kaserne, ein Spielkasino, ein Friedhof oder auch eine Polizeistation in der Nachbarschaft üben nach Meinung der Chinesen einen schlechten Einfluss auf ihre Umgebung aus, weil sich dort durch Kummer, Leid oder Aggressivität negative Schwingungen ansammeln, die auf die umliegenden Häuser übergreifen.

Dächer

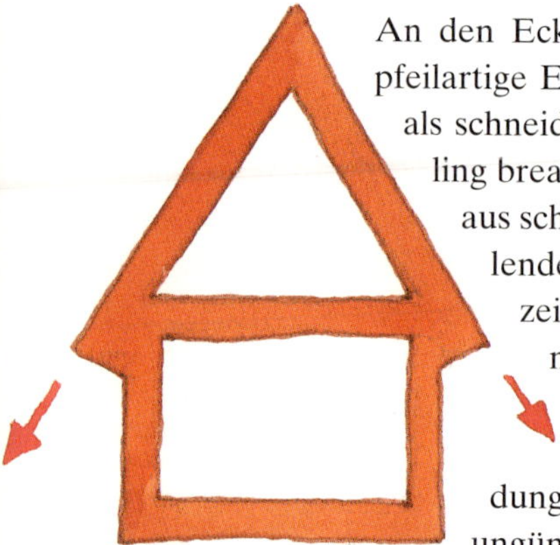

An den Ecken eines Giebeldachs bilden sich spitze, pfeilartige Energieströme (siehe Abbildung links), die als schneidendes Chi oder sogar als Todesatem (killing breath) bezeichnet werden. Sie gelten als überaus schädlich. Wenn die Kante eines schräg abfallenden Nachbardachs auf Ihren Hauseingang zeigt, müssen Sie nach Meinung der Chinesen mit Unglück rechnen.

Im Haus selbst werden unter der Dachschräge Flöten aufgehängt (siehe Abbildung unten), um zu verhindern, dass sich dort ungünstiges Chi ansammelt. Die Flöten müssen mit dem Mundstück zum Dachfirst zeigen.

Dachbalken bündeln schädliche Energieströme. Aufgehängte Flöten können davor schützen.

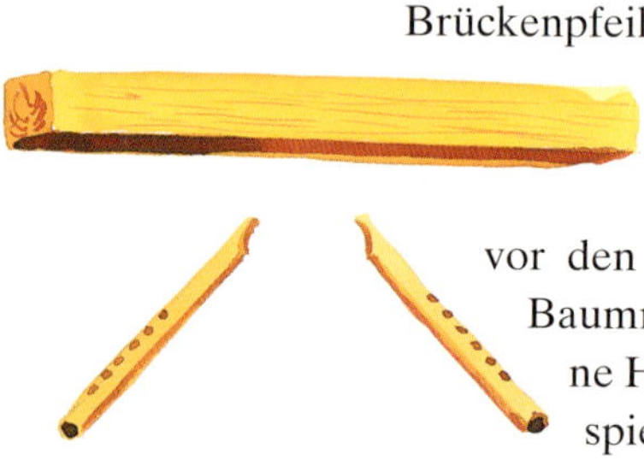

Flachdächer und Kuppeldächer sind günstig für die Verteilung des Chi, da sie positives Chi nicht brechen und schneidendes Chi nicht hervorbringen.

Hohe Bauwerke

Türme, Fabrikschornsteine, Hochspannungsmasten, Brückenpfeiler oder einzelne hohe Bäume vor dem Eingang können ebenfalls schneidendes Chi in Richtung des Hauses leiten. Diesen Einfluss kann man durch dicke Vorhänge vor den Fenstern mildern. Man kann auch eine Baumreihe zwischen das Bauwerk und das eigene Haus pflanzen. Aus Südostasien gibt es Beispiele, dass eine Kanone auf ein störendes Hochhaus gerichtet und damit der negative Einfluss neutralisiert wurde.

Flugschneisen

Dass die Lage in einer Flugschneise ungünstig ist, muss eigentlich nicht erwähnt werden, da alle Betroffenen wissen, wie nachteilig sich der Lärm und die Unruhe auf die Gesundheit auswirken.

Wenn Ihre Umgebung allgemein lärmbelastet ist, versuchen Sie, störenden Krach auszublenden, indem Sie innerhalb des Hauses für harmonische Klänge durch Musik, ein Windspiel, Glöckchen o. Ä. sorgen.

Wer sich mit seiner Wohnsituation intensiv auseinander setzt, geht eine stärkere Bindung zu seiner Wohnung ein. Ortsverbundenheit ist wiederum ein Faktor, der sich in Ihrem Leben sehr positiv auswirken kann.

Die Stellung des Hauses zu anderen Häusern

Ein allein stehendes Haus ist für das Chi am besten erreichbar. Am zweitgünstigsten ist die Lage eines Endreihenhauses oder einer Doppelhaushälfte; an diese kann das Chi zumindest noch von drei Seiten herankommen.

Am wenigsten Chi bekommt ein Reihenhaus in der Mitte einer Häuserzeile ab. Trotzdem ist das eigene Haus bei weitem einer Etagenwohnung vorzuziehen, die auch von oben und unten von anderen Wohnungen eingeschlossen ist und daher nur relativ wenig frisches Chi aus der Natur erhält.

Die Bauform

Rechteckige Häuser sind für das Chi nicht besonders günstig, da das Chi sich innen in den Ecken fängt und außen durch die Kanten aufgehalten oder umgeleitet wird. Das Chi bewegt sich gern in sanften Bogen, nicht aber im rechten Winkel fort, so dass hinter den Ecken ein vom Chi entleerter Raum entsteht.

Auch Anbauten können sich dem Chi als Hindernis in den Weg stellen. Schuppen und Werkstätten werden folglich besser in separaten Gebäuden untergebracht.

Optimal sind runde Häuser, von denen es in unserer westlichen Zivilisation ja nur wenige gibt, es sei denn, Sie beziehen eine ehemalige Windmühle oder einen Wasserturm.

Verständnis entwickeln

Auch wenn man bei Wohnungen den Standort an sich nicht beeinflussen kann, bietet Feng Shui doch viele Möglichkeiten, das Chi positiv umzulenken.

Stellen Sie sich verschiedene Wohnungen Ihrer Verwandten und Bekannten vor, und beurteilen Sie diese nach der nebenstehenden Checkliste.

Wohnungen

Sie haben nun das Haus von außen angesehen, das Sie eventuell beziehen wollen oder in dem Sie bereits wohnen. Sie haben seine Lage beurteilt. Nun geht es darum, die Wohnung und die einzelnen Räume einer Prüfung zu unterziehen.
Das Chi einer Wohnung wird zunächst von den gleichen Faktoren beeinflusst wie das Chi des ganzen Hauses: davon, ob z. B. ein hohes Gebäude vor den Fenstern steht, ein Hochspannungsmast oder Fabrikschornstein, ob die Kanten eines spitzen Daches auf die Fenster der Wohnung zeigen, ob eine Straße gerade darauf zu läuft usw. Gehen Sie noch einmal die Checkliste auf der gegenüberliegenden Seite durch, und schauen Sie, welche Aussagen nicht nur auf das ganze Haus, sondern speziell auf Ihre Wohnung zutreffen.

Lage der Wohnung im Haus

Innerhalb des Hauses gelten die oben liegenden Wohnungen als die günstigsten, da man sich hier über den anderen Mietern befindet und nicht »unter ihrem Einfluss« steht. Je weiter unten die Wohnung liegt, umso

Feng-Shui-Checkliste

Ermitteln Sie anhand der nachfolgenden Checkliste, ob die Lage Ihres Hauses auf ein günstiges oder ungünstiges Chi hinweist. Kreuzen Sie zu diesem Zweck an, welcher der Punkte auf das Haus zutrifft, in dem Sie wohnen oder in das Sie ziehen wollen. Überlegen Sie, was Sie unternehmen können, um das Chi zu verbessern.

Günstig für das Chi	Ja	Nein
Auf der Rückseite des Hauses liegt ein Berg.	❐	❐
Vor dem Haus verläuft ein langsam fließender Fluss.	❐	❐
Das Haus ist von einem großen Garten umgeben.	❐	❐
Ungünstig für das Chi		
Von der Haustür aus schaut man auf einen Berg.	❐	❐
Vor dem Haus verläuft ein schnell fließender Fluss.	❐	❐
Vor dem Haus liegt ein stehendes Gewässer.	❐	❐
Vor dem Haus befindet sich ein hohes Gebäude, Fabrikschornstein, Turm, Hochspannungsmast.	❐	❐
Das Haus liegt am Ende einer Sackgasse oder an einer T-Kreuzung.	❐	❐
Hinter dem Haus führt eine stark befahrene Straße oder Bahnlinie vorbei.	❐	❐
In der Nähe ist ein Hospital, eine Kaserne, ein Friedhof, eine Schule, ein Heim oder eine Polizeistation.	❐	❐
Das Haus liegt direkt an der Straße (ohne Garten).	❐	❐
Das Haus ist ein Reihenhaus.	❐	❐
Das Haus hat mehrere Anbauten.	❐	❐
Ein Nachbarhaus weist im spitzen Winkel auf das Haus.	❐	❐
In der Umgebung des Hauses ist es sehr laut.	❐	❐

Licht und sanfter Wind sind für den Energiefluss wesentliche Bestandteile. Achten Sie darauf, dass beides ausreichend vorhanden ist.

ungünstiger ist das Chi einzuschätzen. Ein Souterrain z. B. erhält in den meisten Fällen weniger Chi als eine Wohnung in einer der oberen Etagen.
Eine Wohnung zur Straße hin kann günstig sein, weil sie viel Chi erhält, aber ungünstig, wenn das Chi durch den starken Verkehr an der Wohnung vorbeigezogen wird. Eine Wohnung, die nach hinten auf einen Garten oder Hof hinausgeht, liegt an der Ausgangsseite des Chi und bekommt daher meist weniger Chi mit.

Anwendungsbeispiel

Vor- und Nachteile, wie sie oben dargestellt sind, sollen hier am Beispiel einer (gemieteten) Parterrewohnung gezeigt werden. Ihre Vorteile: Die Wohnung liegt nicht unmittelbar an der Straße, sondern ist von ihr durch einen ca. 50 Meter breiten Rasen getrennt. Dadurch kann

Günstig: eine Rasenfläche vor dem Haus.

sich das Chi vor dem Eingang sammeln. Der Zugangsweg führt nicht geradewegs zur Haustür, sondern verläuft außen um den Rasen herum. Dadurch wird schneidendes Chi vermieden.
Hinter dem Haus befindet sich ein Hof, der von einem lang gestreckten Schuppen abgeschlossen wird. Dieses Nebengebäude wirkt auf die Erdgeschosswohnung wie ein beschützender Berg.
Die Nachteile der Wohnung: Das Chi läuft vom Hauseingang geradlinig durch die ganze Wohnung und hinten zum Badezimmerfenster wieder hinaus. Wenn es nicht aufgehalten wird, erhalten die Zimmer nur sehr wenig Chi. Aus diesem Grund wurden im Flur Windspiele aufgehängt, die das Chi aufhalten und zerstreuen. Spiegel im Flur lenken darüber hinaus das Chi in die einzelnen Räume.
Vor dem vorderen Fenster steht eine hohe alte Pyramidenpappel. Außen vor dem Fenster wurde deswegen ein Spiegel angebracht, der das »schneidende Chi« der Pappel zurückwirft. Man könnte auch innen am Fenster ein Windspiel mit mehrere Stäben anbringen, wodurch das Chi der Pappel zerteilt wird.

Geschwungene Wege sind den geradlinig verlaufenden immer vorzuziehen, genauso wie runde Formen den spitzen und eckigen.

Nachteile sind zu beheben

Grundsätzlich kann man davon ausgehen, dass man in den seltensten Fällen eine in jeder Hinsicht ideale Wohnung findet. Meistens ist es aber möglich, durch Aufmerksamkeit und Verständnis für die Eigenschaften des Chi negative Energie zu vermeiden oder zu neutralisieren und die positiven Energien zu verstärken. Dabei sind die in diesem Buch beschriebenen Techniken und Hilfsmittel behilflich. Mit etwas Einfühlungsvermögen und Phantasie kann ein jeder seine Wohnung energetisch optimal gestalten.

Richtig wohnen mit dem Bagua

Ein wichtiges Hilfsmittel des Feng-Shui-Beraters ist das Bagua (in anderer Schreibweise auch Pa Kua). Das Bagua ist ein Strukturgitter, mit dem man jede Wohnung in neun Bereiche einteilen kann. Jeder dieser Bereiche ist einem bestimmten Lebensinhalt zugeordnet. Die Arbeit mit dem Bagua geht von dem Grundgedanken aus, dass die Wohnung das Leben ihres Bewohners widerspiegelt, dass man also aus Lücken oder ungünstigen Konstellationen in einem Wohnungsteil auf Entbehrungen und Probleme im entsprechenden Lebensbereich schließen kann.

Häuser und Wohnungen spiegeln die Seele ihrer Bewohner. Damit ist nicht nur die Tendenz zur Ordnung oder Unordnung gemeint, sondern auch die Liebe zum Detail und ein Gespür für Schönheit.

Wohnung als Ausdruck des Menschen

Das Chi des betreffenden Wohnbereichs überträgt sich auch auf den dort lebenden Menschen und lenkt so günstige oder ungünstige Ereignisse auf ihn. Wenn z. B. in einer Wohnung im Bereich Ehe und Partnerschaft nur leere Kartons und Gerümpel gestapelt sind, wird der Mieter entweder Single sein oder Probleme mit seinen Beziehungen haben.

Wenn andererseits im Bereich Reichtum Bücherregale und Kunstgegenstände stehen, wird der Bewohner ein reiches geistiges Leben führen. Wenn der Wohnungsbereich Familie sehr konservativ und ordentlich aussieht, ist anzunehmen, dass die Familienbeziehungen in ähnlicher Weise formell geregelt sind. Eine überfüllte und unaufgeräumte Wohnungsmitte lässt darauf schließen, dass auch das Innenleben der Bewohner ungeordnet ist.

Die neun Lebensbereiche

1. Beruf, Karriere, Selbstentwicklung

Zu diesem Bereich gehört nicht nur der berufliche Aufstieg, sondern der gesamte Lebensweg eines Menschen, seine Lebensaufgabe, die Erfüllung seiner Bestimmung. Dabei kann durchaus auch seine geistige oder gefühlsmäßige Entwicklung im Mittelpunkt stehen. (Abbildung Seite 21, unten Mitte)

Beim Bagua kommt es auf eine einsichtige Zuordnung an, nicht auf eine dogmatische Abarbeitung der Bereiche. Selbstentwicklung ist beispielsweise sowohl im Karrierebereich anzusiedeln, als auch im Bereich der Familie oder der Partnerschaft.

2. Wissen, Weisheit, Kompetenz

Hier geht es nicht nur um angelernte Kenntnisse, sondern darum, welche Einsichten wir gewinnen, ob wir Zugang zu unserer Intuition und zu den Tiefen des Unbewussten haben, also um unser inneres Wissen und darum, dass wir uns mentale Werkzeuge schaffen, mit denen wir uns im Leben zurechtzufinden. (Abbildung Seite 21, unten links)

3. Familie, Gemeinschaft, Vorfahren

An erster Stelle stehen hier die Eltern, Großeltern und nahe Verwandte, aber auch andere Menschen, die einen starken Einfluss auf uns ausüben, wie beispielsweise Vorgesetzte und Lehrer. Jeder Mensch braucht zu seinem Wohlergehen die Einbindung in eine Gemeinschaft und die Unterstützung anderer Menschen. In China ist dieser Bereich besonders wichtig, denn dort ist der Familiensinn weit stärker ausgeprägt als bei uns. (Abbildung Seite 21, in der Mitte links)

Die Kinder – falls Sie welche haben – sind an dieser Stelle nicht einbezogen, denn sie haben einen eigenen Bereich in unserem Leben. (Abbildung Seite 21, in der Mitte rechts).

4. Reichtum, Wohlstand, Erfüllung

Für Reichtum steht in diesem Bereich nicht nur die Anhäufung von Geld, sondern auch die Fülle an inneren und äußeren Möglichkeiten, ein Zuwachs an vielfältigen Erfahrungen, die uns im Leben zuteil werden. Unser Vermögen ist nicht nur eine Zahl auf dem Kontoauszug, sondern die Gesamtheit unserer Möglichkeiten. (Abbildung unten, oben links)

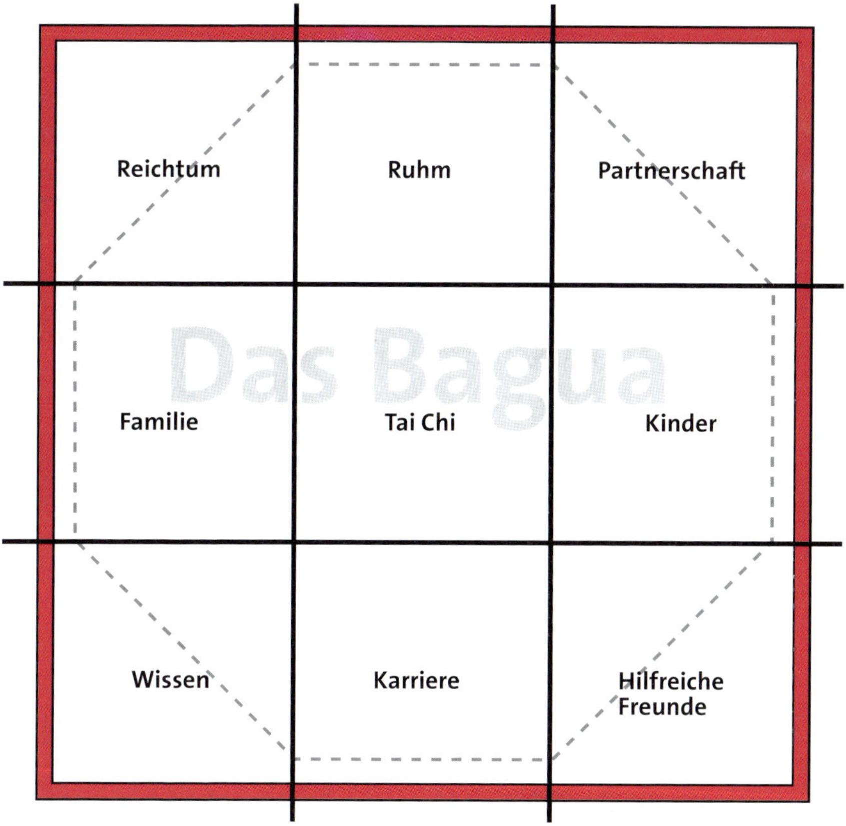

5. Anerkennung, Ruhm, Ansehen

Für diesen Bereich sind unsere Ziele wichtig. Je konsequenter wir sie verfolgen, umso stärker wird unsere Ausstrahlung auf andere Menschen sein und umso mehr Achtung und Aufmerksamkeit werden wir gewinnen. Ohne inneres Wachstum kann uns äußerer Glanz keine Sicherheit geben. Wichtig ist das Bewusstsein, etwas wert zu sein. (Abbildung Seite 21, oben Mitte)

Das Bagua ist nicht nur für die ganze Wohnung einsetzbar, sondern auch für das einzelne Zimmer; für den Schreibtisch genauso wie für den Garten oder das Büro.

6. Partnerschaft, Ehe, Beziehungen

An erster Stelle steht hier die Beziehung zum Lebenspartner, aber auch zu Freunden, Arbeitskollegen, Nachbarn. Es geht um die Bindung an andere Menschen, den Austausch, die Nähe, das Miteinander-Teilen. Dieser Bereich hat vor allem mit Kommunikation zu tun. (Abbildung Seite 21, oben rechts)

7. Kinder, Kreativität

Nicht nur die leiblichen Kinder sind hier gemeint, sondern auch geistige Kinder, also alles, was wir hervorbringen, was in die Zukunft fortdauert und ein Stück von uns weiterträgt; weiterhin alles, womit wir andere beeinflussen, seien es Ideen, Kunstwerke, Objekte oder was sonst unserer Kreativität entspringt. Als Kinder können auch wesentlich jüngere Geschwister gelten, die wir mit großgezogen haben. (Abbildung Seite 21, Mitte rechts)

8. Helfer, Freunde, Wohltäter

Damit sind Menschen und Umstände gemeint, die sich uns zuwenden, uns auf unserem Weg ein Stückchen vorwärtsbringen, uns unterstützen und uns schützen, so dass wir unsere Ziele erreichen können. Das können

Nachbarn oder Kollegen sein, aber auch Unbekannte. Oft scheinen Zufälle uns im Alltag weiterzuhelfen, manchmal in ganz geringfügigen Angelegenheiten; aber wir spüren, dass hier hilfreiche Mächte am Werke sind. Wir haben das Gefühl, dass unsere gesamte Umgebung – auch die materielle – uns gewogen ist. (Abbildung Seite 21, unten rechts)

Das Bagua wird wie auch ein magisches Quadrat in neun gleiche Zonen eingeteilt. Hieraus lassen sich Erkenntnisse über mögliche Defizite im Wohnraum gewinnen und beheben.

9. Tai Chi, das Ganze, Gesundheit

Das Zentrum ist die Mitte des Seins, unser Wesenskern. So wie wir das Herz (oder den Solarplexus) als die Mitte unserer Lebenskraft ansehen, so repräsentiert die Mitte der Wohnung das Zentrum unseres Lebens. Unsere Gesundheit und unser seelisches Wohlbefinden wurzeln dort.

Alles, was in der Wohnungsmitte steht, und alle Ereignisse, die dort stattfinden, beeinflussen unser Dasein und unser Lebensgefühl ganz entscheidend. Das Zentrum ist darum nicht nur ein bestimmter Platz in unserer Wohnung, sondern der Kulminationspunkt verschiedenster zentraler Lebenselemente. (Abbildung Seite 21, im Zentrum)

Eine Kraft wirkt in alle Richtungen: Der Tropfen, der ins Wasser fällt und ringförmige Wellen erzeugt, symbolisiert das Chi und seine konzentrische Wirkung.

Die Geschichte der Wohnung

Ob Sie in der neuen Wohnung glücklich und erfolgreich sind, hängt auch von der Geschichte der Wohnung ab. Sprechen Sie vor dem Einzug mit Ihren Vormietern und den Wohnungsnachbarn, und informieren Sie sich gründlich über die Geschichte der Wohnung. Wenn in einem Haus ein Mord geschehen ist, wenn die Bewohner unglücklich oder krank waren, überträgt sich die negative Atmosphäre möglicherweise auf die neuen Bewohner.

Aber auch ein positives Schicksal, Erfolg und Glück können in einem Haus wohnen. Lebten die Bewohner in Frieden miteinander, kamen sie gut mit den Nachbarn aus? Haben sie lange in der Wohnung gewohnt, oder sind sie bereits nach kurzer Zeit wieder ausgezogen? Wenn ja, woran lag das?

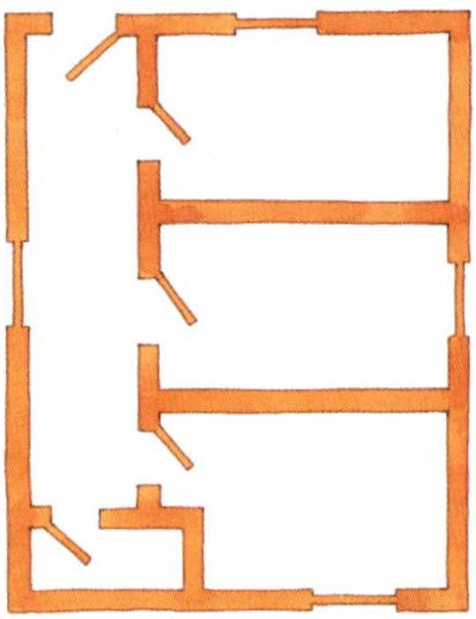

Der schematische Grundriss Ihrer Wohnung ist der Ausgangspunkt.

Die Gebrauchsanleitung

Zeichnen Sie Ihren Wohnungsgrundriss

Um mit dem Bagua arbeiten zu können, zeichnen Sie am besten zuerst einen schematischen Grundriss Ihrer eigenen Wohnung auf ein Blatt Papier. Nehmen Sie für einen Meter in der Wirklichkeit zwei Zentimeter in der Zeichnung (zeichnen Sie also im Maßstab 1:50). Der Grundriss muss nicht millimetergenau stimmen, sollte aber ungefähr die Größenverhältnisse wiedergeben. Wenn Sie also eine lang gestreckte Wohnung haben, sollte das auf der Zeichnung deutlich sichtbar sein, ebenso, wenn Ihre Wohnung L-förmig oder quadratisch ist. Zeichnen Sie die Zwischenwände in Ihren Grundriss ein, so dass die einzelnen Zimmer erkennbar sind. Schreiben Sie »Wohnzimmer«, »Schlafzimmer« usw. hinein. Zeichnen Sie ein, wo sich der Wohnungseingang befindet. Legen Sie das Blatt so vor sich hin, dass der Eingang am unteren Rand liegt. Deuten Sie – eventuell mit Farbstift – an, wo jeweils Fenster und Türen sind.

Zeichnen Sie das Bagua-Schema

Nun legen Sie ein Blatt Transparentpapier über Ihren Grundriss und zeichnen darauf noch einmal den Umriss der Wohnung nach, und zwar nur die Außenmauern, nicht die Zwischenwände. Ziehen Sie den Grundriss nun unter dem Transparentpapier weg und unterteilen Sie die Zeichnung auf dem Transparentpapier mit ei-

Über den Grundriss Ihrer Wohnung legen Sie das Bagua-Raster.

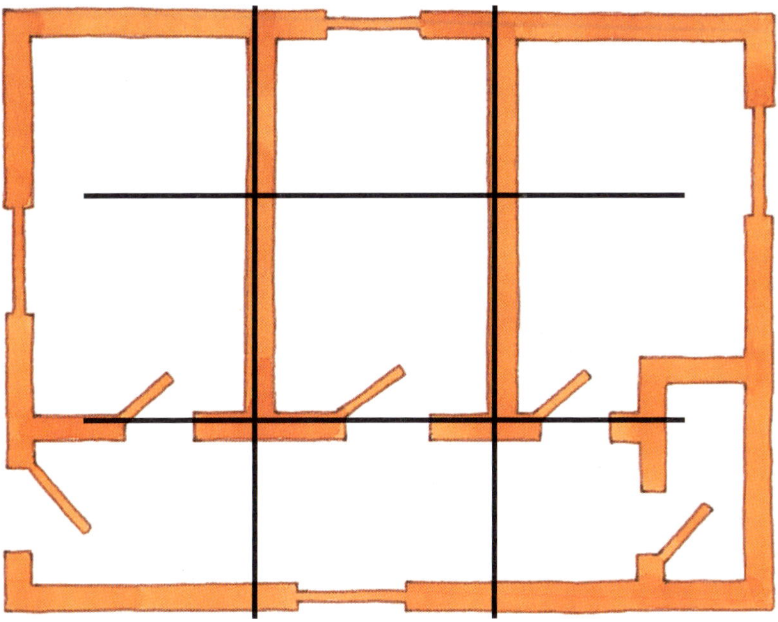

nem andersfarbigen Stift durch zwei Längs- und zwei-Querstriche in gleichmäßige Abschnitte. Schreiben Sie in die neun so entstandenen Abschnitte die Namen der verschiedenen Bereiche, also in die rechte obere Ecke »Partnerschaft«, in das linke obere Kästchen »Reichtum« usw., wie es die Abbildung auf Seite 21 zeigt.

Die einzelnen Zonen des Bagua stehen für die jeweiligen Lebensbereiche. Sie zeigen, wo Verbesserungen notwendig und hilfreich sind.

Wie Sie mit dem Bagua arbeiten

Legen Sie das Transparentpapier wieder auf Ihren Wohnungsgrundriss, und zwar so, dass die Eingangstür auf der Grundlinie in einem der Bereiche Helfer, Beruf oder Wissen liegt. Nun können Sie ablesen, in welchem Teil Ihrer Wohnung die Anerkennung ihren Platz hat, in welchem Zimmer die Familie usw. Manchmal umfasst ein Bereich auch nur den Teil eines Zimmers oder auch

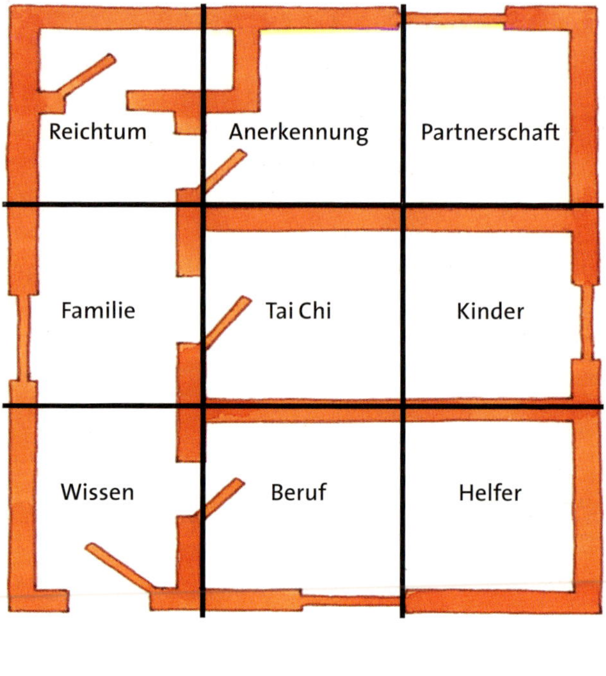

Achten Sie beim Beschriften darauf, dass der Eingang zu Ihrer Wohnung auf der Grundlinie des Bagua-Schemas, also in einem der Bereiche Wissen, Beruf oder Helfer, liegt.

Ihre Checkliste

Prüfen Sie mit dem Bagua Ihren Wohnungsgrundriss, und kreuzen Sie in der nachstehenden Liste an, in welchem Lebensbereich Sie Probleme haben.

Ich habe im Bereich	keine	wenig	grosse Probleme
Karriere	❐	❐	❐
Wissen	❐	❐	❐
Familie	❐	❐	❐
Reichtum	❐	❐	❐
Anerkennung	❐	❐	❐
Partnerschaft	❐	❐	❐
Kinder	❐	❐	❐
Helfer	❐	❐	❐
Tai Chi	❐	❐	❐

Eine umfassende Checkliste, mit der Sie anhand von Fragen Problembereiche ausmachen können, finden Sie in der vorderen Umschlaginnenseite.

Teile mehrerer Zimmer. Was Sie zuerst feststellen sollten, sind fehlende oder zusätzliche Teile Ihrer Wohnung. Wenn z. B. ein Stück im Abschnitt Helfer fehlt, besagt das, dass Sie wenig Hilfe bekommen und sich alles selbst erarbeiten müssen. Wenn im Bereich Wissen hingegen ein Extrastück angebaut ist, werden Sie überdurchschnittliches Wissen und weitreichende Kenntnisse erwerben.

Das Bagua lässt sich auf unterschiedliche Größenordnungen anwenden, im Kleinen z. B. auf Ihren Schreibtisch, der sich ebenfalls in neun Einflussbereiche aufteilen lässt, oder auf ein einzelnes Zimmer. Ziel ist es verständlicherweise immer, fehlende Teile zu ergänzen. Allerdings haben Sie auch die Möglichkeit, Bereiche, die Ihnen besonders am Herz liegen, zusätzlich auszubauen. Sie sollten jedoch ein ausgewogenes Verhältnis der Bagua-Teile im Auge haben.

Hilfsmittel zur Verbesserung des Chi

Alle Hilfsmittel haben den Zweck, das Chi zu verbessern, es also je nach der Situation zu sammeln, zu zerstreuen, zu lenken, neu zu erzeugen oder – falls es sich um abgestandenes Chi handelt – unwirksam zu machen.

Das Chi mit Schwingungen fördern

Das Chi wird stark durch die Gesamtheit der Schwingungen beeinflusst, die an einem Ort wirken. Aus der Physik weiß man, dass beispielsweise Licht und Klänge nichts anderes sind als Schwingungen mit unterschiedlichen Frequenzen. Blaues Licht hat andere Schwingungen als rotes usw. Ähnliches gilt für Klänge: Tonschwingungen treffen auf unser Hörorgan im Ohr, werden als Reiz ins Gehirn geleitet und treten dann als Klang in unser Bewusstsein. Die folgenden Hilfsmittel wirken also durch die von ihnen erzeugten Schwingungen auf das Chi.

Schwingungen sind nicht als solche positiv oder negativ, sondern sind dies immer nur in ihren Auswirkungen, die sie auf den Menschen haben.

Lampen und Kerzen

Sie können das Chi in einem Raum anheben, indem Sie in einer dunklen Ecke eine Lampe brennen lassen oder an bevorzugten Punkten Kerzen aufstellen und dadurch zusätzliche Lichtschwingungen erzeugen.

In allen Bereichen des Bagua – d.h. in allen Ihren Lebensbereichen – können Sie durch Licht das Chi wesentlich verbessern. Eine helle Lampe auf der Anerkennungsseite ihrer Wohnung beispielsweise kann Ihr

Ansehen bei den Mitmenschen vergrößern, genauso wie ein ständig brennendes Licht auf der Familienseite Ihre Kontakte zu den Eltern verbessern kann.

Spiegel

Spiegel haben eine besondere Funktion: Sie werfen die auftreffenden Schwingungen zurück, können also benutzt werden, um unerwünschte Schwingungen (so genanntes schlechtes Chi) abzuwehren. Andererseits werden Spiegel auch dazu benutzt, einen Raum optisch zu vergrößern, z. B. dort, wo eine Ecke fehlt. Wenn die vom Spiegel zurückgeworfenen Lichtstrahlen auf unser Auge treffen, rufen sie dort das Bild des gespiegelten Raums hervor; der Raum scheint dann hinter dem Spiegel zu liegen (siehe Abbildung unten).

Spiegel vergrößern Räume optisch.

Kristalle

Auch Kristalle haben viel mit Licht zu tun. Am häufigsten werden facettenartig geschliffene Glaskugeln oder -herzen verwendet, die man ins Fenster hängt. Durch ihre vielen Facetten wird das auf sie treffende Licht gebrochen und in seine verschiedenen Schwingungen aufgeteilt, so dass es sich regenbogenartig im Raum verteilt. Man benutzt diese Kristalle auch, um eintretendes schlechtes Chi (so genannte Giftpfeile), z. B. Strahlung aus Computermonitoren, zu zerstreuen. Mit Pyramiden aus Kristall sollte man dagegen sehr vorsichtig umgehen, da die Energien stark gebündelt aus ihrer Spitze austreten und dann wie schädliche Pfeile wirken können.

Spiegelkugeln

Eine ähnliche Wirkung wie Kristallkugeln haben Weihnachtskugeln, Kugeln, die mit vielen kleinen Spiegelstückchen besetzt sind, oder auch Gartenkugeln. Auch stark glasierte Keramikkugeln können reflektieren.

Aquarien

Ein Aquarium ist ein exzellenter Chi-Spender, weil es bewegtes Wasser mit dem Chi von Pflanzen und Tieren kombiniert. Die Chinesen halten wegen ihrer roten Farbe vor allem Goldfische für Glück bringend.

Für ein Aquarium brauchen Sie ein genügend großes Becken, ferner eine Heizung, einen Filter und eventuell auch eine Pumpe und eine Beleuchtung. In der Zoofachhandlung finden Sie ein reichhaltiges Angebot an unterschiedlichen Aquarienpflanzen.

Wenn Sie eine Auswahl getroffen haben, warten Sie etwa zwei Wochen, bis die Pflanzen angewachsen sind und sich die nötigen Kleinstlebewesen angesiedelt haben. Dann können Sie die ersten Fische einsetzen, z. B. Guppys oder Salmler, die leicht zu pflegen sind. Es gibt auch preiswerte rote Schleierschwänze, die kleinen Goldfischen ähnlich sehen. Erkundigen Sie sich eingehend nach dem richtigen Futter, den Fütterungszeiten und den Eigenarten Ihrer Fische.

Kristall- oder Spiegelkugeln brechen Licht und zerstreuen eindringendes Chi.

Ein Aquarium in der Bagua-Zone 4 wirkt z. B. förderlich auf die Finanzen. Es wirkt sammelnd und bewahrend.

Mobiles, Lichtmühlen

Mobiles erzeugen durch ihre Bewegung gleichfalls Schwingungen, ebenso Lichtmühlen, in denen durch das Auftreffen von Lichtstrahlen eine Bewegung entsteht, die das Chi anreichert.

Klangspiele haben je nach Tonhöhe beruhigende oder anregende Wirkung.

Glocken, Klangschalen, Windspiele

Wenn man Glocken oder Klangschalen in einem Raum benutzt, wird durch deren Schwingung das Chi angereichert. Wie Sie selbst spüren können, wenn Sie hinhorchen, haben kleine, hell tönende Glocken einen anregenden, große, tief tönende Glocken dagegen einen eher beruhigenden Klang. Unter Windspielen sind in diesem Zusammenhang tönende Gerätschaften zu verstehen, deren Metallrohre, Glasstückchen oder Glöckchen bei jedem Luftzug einen Klang von sich geben.

Klangspiele mit hängenden Stäben oder Rohren eignen sich auch zum Zerstreuen von schädlichem Chi. Sie wirken wie ein Kamm, der den Strom des Chi in viele kleine Rinnsale aufteilt. Jede Art von Musik – z. B. auch Trommeln – lädt das Chi eines Raums auf.

Gegenstände

Große und massive Gegenstände können ungünstige Schwingungen abwehren. So werden die so genannten Giftpfeile, also stark gebündeltes, schneidendes Chi, einer Straße, die direkt auf das Haus zu läuft, durch eine dazwischen gesetzte Mauer oder durch Büsche abgelenkt. Die schädlichen Strahlen eines Fernsehgeräts kann man mildern, indem man das Gerät bei Nichtgebrauch durch Schranktüren oder durch einen Vorhang abdeckt.

Zimmerpflanzen

Pflanzen sind das beste Hilfsmittel, um das Chi zu verstärken, weil sie selbst immer neue Lebenskraft hervor bringen. Wählen Sie für die Wohnung möglichst Pflan-

zen mit runden Blättern, da Pflanzen mit spitzen, lanzettförmigen Blättern »schneidendes Chi« aussenden und schädigend wirken könnten.
Neuere Forschungen haben gezeigt, dass manche Pflanzen auch die Atemluft verbessern, indem sie die schädlichen Umweltgifte vernichten, die in Klebstoffen, Holzschutzmitteln und Kunststoffen enthalten sind. Die Pflanzen in der nachfolgenden Tabelle bauen allesamt Formaldehyd und andere Schadstoffe ab und können mit relativ geringem Aufwand in Töpfen in der Wohnung gezogen werden.
Topfpflanzen oder auch Schnittblumen werden an Stellen im Raum eingesetzt, wo das Chi nur spärlich vorhanden ist und angereichert werden soll. Meist sind das die Ecken. Dort aber gedeihen wiederum die Pflanzen nicht so gut, weil sie Licht brauchen, um zu wachsen. Am besten entwickeln sich in dunklen Ecken Kletterphilodendron, Efeutute und Drachenbaum, wie Sie der nachfolgenden Tabelle entnehmen können.

Pflanze	Standort
● Azalee	Halbschattig
● Birkenfeige	Hell
● Chrysantheme	Hell
● Drachenbaum	Halbschattig
● Efeu	Hell bis halbschattig
● Einblatt	Hell bis halbschattig
● Gerbera	Hell
● Gummibaum	Hell bis halbschattig
● Kletter-philodendron	Halbschattig bis Schattig
● Schefflera	Halbschattig
● Efeutute	Schattig

Chinesische Feng-Shui-Spezialisten haben herausgefunden, dass bunt blühende Arten das Chi um bis zu 300 Prozent anreichern, nicht blühende Grünpflanzen und Bäume um 50 bis 100 Prozent und Fotos von Blumen um 100 bis 150 Prozent.

Bänder

Bänder werden vor allem benutzt, um scharfe Kanten von Schränken oder Regalen zu kaschieren, die sonst schneidendes Chi auf den Sitz- oder Arbeitsplatz eines Bewohners aussenden würden. An waagerechten Kanten in der Küche und im Esszimmer kann man beispielsweise Spitzenborten anbringen und an Fensterbänken Fransenborten.

Mit Borten und Bändern lassen sich scharfe Kanten entschärfen.

Symbole, Bilder, Andenken

Als Symbole werden hier Gegenstände bezeichnet, die neben ihrer äußerlich sichtbaren Form noch eine innere Bedeutung haben, die mit einer besonderen Wirkkraft verbunden ist, wie beispielsweise das Kreuz, ein Herz, ein Schwert o. Ä. Symbole senden – wie auch Bilder, Bücher und Andenken – eine geistige Schwingung aus, die das Chi eines Hauses bereichert.
Im Fernen Osten haben manche Dinge einen anderen Symbolwert als im westlichen Kulturkreis. So gilt z. B. der Drache, der in unseren Märchen immer ein böses Untier darstellt, das von einem Helden getötet werden muss, in China als freundliche und Segen bringende Macht und ist darum auch auf Glückwunschkarten abgebildet (siehe dazu Abbildung Seite 28). Bei uns findet man auf solchen Karten vor allem Hufeisen, Schornsteinfeger und Klee als Symbole.

Ebenfalls ein beliebtes Schutzsymbol über Türen sind Flöten. Sie sollen das negative Chi umlenken.

Schutzsymbole

An vielen Tempeln in China sind zum Schutz rechts und links vor dem Eingang Tempellöwen aufgestellt. Sie sollen das schneidende Chi abwehren, aber auch Diebe und Einbrecher und überhaupt Menschen mit bösen Absichten zurückhalten. Wenn Sie ein Abwehrsymbol an Ihrer Haustür anbringen wollen, aber keine Beziehung zu den fremdartig anmutenden chinesischen Löwen haben, können Sie stattdessen einen Türkranz aus Stroh oder grünen Zweigen aufhängen.

Wichtig bei den Hilfsmittel ist auch stets, wie sie sich in das Gesamtbild des Raums integrieren lassen.

Ihre Checkliste

Greifen Sie auf die Checkliste auf Seite 27 zurück, und schreiben Sie für jedes Problem auf, mit welchem Hilfsmittel Sie das Chi ändern wollen. Führen Sie aber nicht alle Veränderungen gleichzeitig durch, sondern eine nach der anderen. Zu starke Chi-Umstellungen könnten Sie seelisch aus dem Gleichgewicht bringen.

Zusammenfassung

Das Chi wird von	zerstreut	verstärkt	erzeugt	abgeblockt
Licht		✗	✗	
Spiegeln				✗
Farben		✗		
Kristallen	✗			
Spiegelkugeln	✗			
Glocken			✗	
Klangschalen			✗	
Windspielen	✗			
Wasser			✗	
Mobiles		✗		
Pflanzen			✗	
Bändern				✗
Gegenständen				✗
Symbolen		✗		

Räume einrichten mit Feng Shui

Als Sie Ihr erstes Bagua gezeichnet haben, haben Sie schon festgestellt, dass die Räume Ihrer Wohnung sich mit den Lebensbereichen überschneiden, die im Bagua aufgezeichnet sind. Jeder Raum Ihrer Wohnung gehört zu einem bestimmten Teil – oder zu mehreren Teilen – Ihres Lebens. Wenn Sie in einem bestimmten Lebensbereich etwas ändern wollen, müssen Sie die Einrichtung des betreffenden Raums ändern. Wie, das zeigen die nachfolgenden Regeln des Feng Shui.

Jede Wohnung hat für ihre Bewohner verschiedene Funktionen zu erfüllen: Schutz und Sicherheit, Ruhe und Erholung, Zugehörigkeit und Kommunikation. Das Bagua berücksichtigt alle grundlegenden Bedürfnisse des Menschen.

Die Raumaufteilung neu durchdenken

Bei der Besichtigung einer für Sie passenden Wohnung oder eines für Sie passenden Hauses tauchen meist sehr schnell Gedanken auf wie »Hier könnte das Schlafzimmer sein« oder »Dieser Raum würde sich hervorragend als Kinderzimmer eignen«. Feng Shui liefert Ihnen Entscheidungskriterien, mit deren Hilfe Sie den besten Ort für jedes Zimmer finden können.

Schneidendes Chi

So genanntes schneidendes Chi ist eines der Probleme, die in allen Räumen auftreten können. So gelten in jedem Fall vorspringende spitze Ecken und scharfe Kanten als ungünstig, da sie schneidendes Chi abstrahlen. Es gibt sie sowohl an Mauerecken und Säulen als auch an Schränken. Solche Kanten kann man durch das Davorhängen von Bändern entschärfen. Einem Mauervorsprung im Zimmer kann manchmal auch durch Zustellen mit einem Möbelstück die schneidende Kante genommen werden.

Ein Schrank oder ein anderes Möbelstück entschärft eine Kante im Raum.

Waagerechte Kanten an Regalbrettern sind bei Bücherregalen dann ungefährlich, wenn die darauf stehenden Bücherreihen kantengleich mit dem Brett abschließen und mit ihm einen einheitlichen Block bilden. Leer stehenden Regalen kann man die Schärfe durch das Anbringen einer Spitzen- oder Fransenborte nehmen.

Die Kanten von Fensterbänken lassen sich z. B. auch durch eine überhängende Tischdecke verdecken. Für eckige Deckenbalken wird von vielen Feng-Shui-Spezialisten das Anbringen von Flöten empfohlen. Diese sollen mit dem Mundstück schräg nach oben zeigen.

Runde Formen – z. B. bei Tischen oder Spiegeln – sind in jedem Fall Chi-freundlicher als eckige oder spitze, denn das Chi wird durch runde Umrisse fließend weitergeleitet, während es sich an eckigen Konturen zunächst einmal stößt und dann in eine neue Richtung gelenkt wird (siehe Abbildungen Seite 39). Daher werden von Feng-Shui-Spezialisten auch halbrunde Formen bei Fenstern und Türen empfohlen. Das Achteck – z. B. im Bagua – ist im Feng Shui besonders beliebt, weil es dem Kreis sehr nahe kommt.

Ebenfalls sehr geeignet bei Dachbalken sind locker darunter gespannte Stoffbahnen, die die scharfen Kanten abmildern.

Schädlicher Überfluss

Ganz wesentlich für das freie Zirkulieren des Chi in der Wohnung sind Art und Menge der Gegenstände in dem betreffenden Raum, denn sie bestimmen den Weg des Chi. Sie können ihm den Weg verstellen oder es sanft weiterleiten. Je mehr Gegenstände sich in einem Raum befinden, umso leichter kann das Chi sich dort festsetzen; es stagniert dann und bewegt sich nicht mehr fort. Wirr durcheinander stehende oder liegende Gegenstände verwirren auch das Chi und lenken es von seinem Weg ab. Als Gegenmittel werden Aufräumen und Wegwerfen empfohlen. Das betrifft vor allem die Ansammlungen von Dingen, die im Grund nicht mehr gebraucht werden.

Der Fluss des Chi sollte harmonisch verlaufen ...

Dem Chi Raum schaffen

Werfen Sie also alles weg, was Sie nicht wirklich benötigen! Das Gerümpel in der Abstellkammer, die Erinnerungsstücke an den Urlaub vor zehn Jahren, die alten Zeitschriften, die Sie doch nie mehr lesen werden, die Zierdeckchen, die zur heutigen Einrichtung nicht mehr passen, den Nippes, den Sie irgendwann einmal geschenkt bekommen haben, usw. Diese Dinge halten nicht nur das Chi fest, sondern sie machen auch Sie unbeweglich und belasten Sie. Zum Glück gibt es ja die nützliche Einrichtung der Flohmärkte, wo Sie vieles hinbringen können, was Sie zum Wegwerfen für zu schade halten. Wenn Sie selbst keinen Stand aufbauen wollen, finden sich bestimmt ein paar junge Leute, die Ihre Sachen mitnehmen. (Aktivieren Sie Ihre Helferecke!)

... und nicht auf einen Zickzackkurs gezwungen werden.

Durchforsten Sie auch mal Ihren Kleiderschrank! Es gibt darin sicher alte Gürtel und Schals, die Sie doch nicht mehr tragen. Und die Jeans, die seit drei Jahren in der Schublade liegen für den Fall, dass Sie vielleicht doch noch abnehmen und wieder hineinpassen, oder die Schuhe, die so teuer waren, beim Laufen aber leider ganz fürchterlich drücken.

Trennen Sie sich ohne Reue und schlechtes Gewissen von Dingen, die Sie nicht wirklich benötigen, und geben Sie dem Chi viel freien Raum! Umso leichter kann es neue Möglichkeiten bei Ihnen materialisieren.

Fünf Leute unter einen Hut bringen

Falls Sie nicht allein in Ihrer Wohnung leben, können dabei natürlich Konflikte bezüglich der Nutzung der verschiedenen Bagua-Bereiche auftreten, z. B., wenn die Eltern vor allem daran interessiert sind, dass ihre Kinder eine gute Ausbildung bekommen und deren Zimmer deshalb in der Wissensecke einrichten möchten, während die Kinder viel mehr an der Reichtumsecke interessiert sind und möglichst schnell viel Geld verdienen möchten. Oder Sie leben mit einem Menschen zusammen, der seine Karriere und seine gesellschaftliche Stellung vorantreiben möchte, während für Sie selbst vor allem die innere Harmonie wichtig ist.

Vergessen Sie bei allen Veränderungen, die Sie vornehmen, nicht die Gefühle Ihrer Mitmenschen. Sprechen Sie sich ab, bevor Sie Dinge wegwerfen, die vielleicht jemand anderem lieb geworden sind.

Änderungen in Teilbereichen

Wenn Sie in einem solchen Fall die neun Lebensbereiche nicht in der ganzen Wohnung nach Ihren Vorstellungen verwirklichen können, gibt es einen Ausweg: Beschränken Sie Ihre Veränderungen auf ein einziges Zimmer, Ihr eigenes Zimmer nämlich, über das Sie beliebig verfügen können. Legen Sie also das Bagua auf den Grundriss dieses einen Zimmers, zeichnen Sie dort die neun Bereiche ein, und ändern Sie nun innerhalb Ihres Zimmers die Einrichtung, um das zu verwirklichen, was Ihnen als ideale Wohnsituation vorschwebt.

Wenn Ihnen kein eigenes Zimmer zur Verfügung steht, genügt auch eine Ecke, ein Tisch oder Schrank, wo Sie die neun Bereiche anlegen und entsprechend gestalten können. Sie haben notfalls sogar die Möglichkeit, ein

Schrankfach oder eine Schublade zu einem verkleinerten Abbild der Wohnung umzufunktionieren. Selbst ein Schuhkarton oder eine ausrangierte Puppenstube genügt, um dort – stellvertretend für die ganze Wohnung – die gewünschten Veränderungen vorzunehmen.
Ein Beispiel: S. besitzt kein eigenes Zimmer, hat aber in einer Küchenecke ein Feng-Shui-Bord für sich angebracht. Es ist 30 mal 30 Zentimeter groß und hängt so hoch oben an der Wand, dass die Kinder nicht hinaufreichen können. Die Grundlinie mit den Bereichen Helfer, Karriere und Wissen ist die Seite, von der S. an das Bord herantritt. Im Bereich Wissen liegt ihr Wörterbuch, im Bereich Reichtum hat sie ein Schälchen mit einigen Münzen stehen. Diese beiden Gegenstände erhöhen das Chi in dem betreffenden Bereich durch ihren Symbolwert.
Alle folgenden Hilfsmittel erzeugen Chi und verstärken dadurch den günstigen Einfluss in der jeweiligen Zone. Den Bereich Kinder hat S. nämlich mit einer kleinen Leselampe bestückt, die diesen Teil des Bretts Tag und Nacht mit Licht überflutet. Denkbar wäre ferner das Foto eines Wasserfalls in einer weiteren Ecke, in einer anderen ein Schmetterling aus Seidenpapier, der an einem Faden aufgehängt ist und sich beim geringsten Luftzug bewegt, oder auch Blumen und alles, was oben als Hilfsmittel aufgeführt ist (Seite 29ff.).

Die Anwendung des Baguas im kleinen Maßstab empfiehlt sich, wenn Sie nur für einen kurzen Zeitraum Bereiche stärken wollen, ohne gleich Ihre gesamte Wohnung umzugestalten.

Fehlende und zusätzliche Teile

Für unregelmäßig geschnittene Räume sind die einzelnen Bereiche schwierig mit dem Bagua zu bestimmen. Zeichnen Sie in solchen Fällen, wie in der Abbildung Seite 42, ein Rechteck um die am weitesten vorspringenden Kanten des Raums, und behandeln Sie dieses Rechteck als Grundlage für das Bagua.

Aussparungen, die kleiner sind als die Hälfte der Wohnungsseite, gelten als zusätzliche Teile und bringen ein Mehr in den betreffenden Lebensbereich, also z. B. mehr Reichtum, Wissen oder Helfer. Ist die Aussparung größer als die halbe Wohnungsseite, so betrachtet man sie als fehlenden Teil, für den man mit Hilfe von Spiegeln oder Anbauten eine Vergrößerung schaffen sollte.

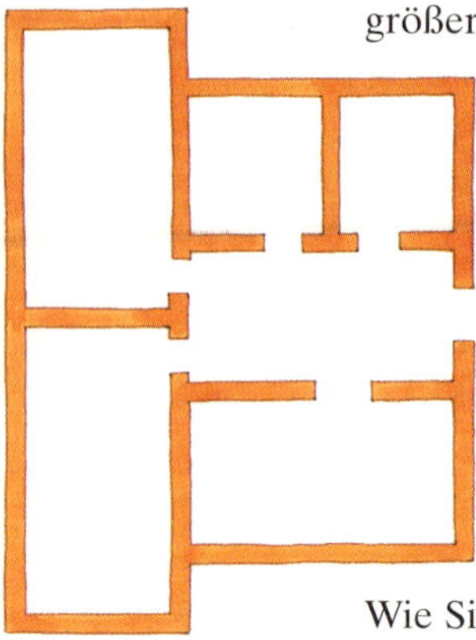

Der Eingangsbereich (rechts) sollte offen und freundlich gestaltet sein.

Der Eingangsbereich

Wenn das Bagua korrekt benutzt wird, liegt der Eingangsbereich immer in einer der drei Zonen Wissen, Karriere oder Helfer.

Wie Sie selbst schon beobachtet haben, zieht man vom Aussehen des Eingangsbereichs schnell Rückschlüsse auf die Bewohner. Ist die Farbe abgeblättert? Ist der Hausflur mit zu vielen Möbeln, mit Mülleimern, Kinderwagen u. Ä. zugestellt? Oder sieht er hell und einladend aus? Stufen vor dem Haus gelten als Glück bringend. Die Eingangstür des Hauses sollte größer als die Zimmertüren sein, denn wenn sie zu eng ist, kann nur wenig Chi ins Haus kommen. Der Eingang sollte von weitem sichtbar sein und einladend wirken (dies ist ein Beispiel dafür, dass Feng Shui in vielen Fällen einfach auf gesundem Menschenverstand beruht).

Blühende Pflanzen geben dem Eingangsbereich ein freundliches, positives Gesicht und wirken sich auch auf das eintretende Chi günstig aus.

Mittelgroße Eingänge, die von Säulen verstellt und von Portalen überschattet werden, sind trotz ihrer Pracht alles andere als Glück bringend, denn sie versperren dem Chi den Weg. Säulen und Vorbauten eignen sich nur für wirklich große Geschäftshäuser oder Villen. Achten Sie weniger auf Prestige und Autorität, als auf einen freundlichen und offenen Eindruck.

Die Wohnungstür

In den meisten Fällen betritt man beim Öffnen der Wohnungstür zunächst eine Diele oder einen Flur. Ist die Diele sehr klein, kann sie optisch durch einen Spiegel erweitert werden. Der Spiegel sollte allerdings nicht der Eingangstür direkt gegenüber hängen, weil er sonst das hereinfließende Chi reflektieren und so wieder hinausbefördern würde. Wenn die Haustür in einer Ecke liegt und man beim Eintreten zwischen Tür und Wand sozusagen eingequetscht wird (siehe Abbildung rechts), gilt das als ungünstig. Besser ist es, wenn die Tür sich nach der anderen Seite, in den freien Raum hinein, öffnet. Wenn man beim Eintreten direkt vor eine Wand läuft, ist das auch für das Chi eine Blockierung. Ein hoher Spiegel, der das Chi in den Raum hineinlenkt, kann hier Abhilfe schaffen.

Ungünstig: Die Tür öffnet sich zu einer Wand hin.

Kleiderständer, die mehrere seitlich abstehende Arme haben, können so genannte Giftpfeile auf den Eintretenden abschießen. Wählen Sie also lieber Kleiderhaken, die an der Wand angebracht sind und stumpfe Enden haben.

Die Diele sollte, genau wie der Flur, in hellen Farben gestrichen oder tapeziert sein. Nur ein sehr großer Raum verträgt dunkle Farben.

Auch bei Teppichen und Läufern sollte das Muster stets in die Richtung zeigen, in die der Eintretende und das hereinkommende Chi gehen sollen.

Verständnis entwickeln

Gehen Sie aufmerksam durch Ihren Eingangsbereich bzw. Ihre Diele, und nehmen Sie bewusst alle Türen, Fenster, Möbel, Bilder und Pflanzen wahr. Machen Sie eine Grundrisszeichnung davon. Bestimmen Sie anhand des oben Gesagten die Vorteile und Nachteile der ge-

genwärtigen Anordnung. Überlegen Sie, was Sie daran ändern möchten. Schauen Sie im Abschnitt über Hilfsmittel (Seite 29ff.) nach, wie man die Nachteile kompensieren und das positive Chi anreichern, negatives Chi dagegen zerstreuen oder abblocken kann.

Der Flur

Gehen Sie auch im Flur und im Wohnzimmer so vor, wie es auf Seite 43f. für den Eingangsbereich beschrieben ist.

Führt vom Eingangsbereich ein Flur weiter in die Wohnung hinein, so leitet er das Chi zu den einzelnen Zimmern. Wenn er sehr lang und schmal ist, kann es sein, dass er auf das Chi einen Sog ausübt und es allzu schnell nach hinten befördert. Hier können Spiegel an den Seiten Abhilfe schaffen, die den Flur optisch breiter machen und sich das Chi gegenseitig zuwerfen. In extremen Fällen kann man auch eine Zwischentür einbauen. Ebenso verlangsamt ein Windspiel am Anfang des Flurs die Fließgeschwindigkeit des Chi.

Das Wohnzimmer

Das Wohnzimmer liegt am günstigsten in einem der Bereiche Familie, Partnerschaft oder Kinder, da es der Sammelpunkt für die im Haus zusammenlebenden Personen ist. Sofas sollten möglichst mit dem Rücken zur Wand stehen, da die Benutzer sich dort beschützt fühlen. L-förmig gruppierte Möbel gelten als ungünstig, aber man kann ein Ecksofa meist durch einen Couchtisch und einen Sessel zur U-Form bzw. zu einem Rechteck ergänzen, was als vorteilhaft gilt. Die Sitzgelegenheiten sollen den Blick zur Tür gestatten. Die Tür im Rücken gilt als ungünstig, weil man in dieser Stellung nicht sehen kann, wer oder was hereinkommt. Runde Tische und Beistelltische sowie rundliche Formen an Polstermöbeln sind eckigen Formen vorzuziehen, weil sie das Chi störungsfrei weiterleiten.

Insgesamt sollte das Wohnzimmer freundlich und einladend möbliert sein. Stellen Sie die Sitzgruppe – wenn möglich – in die Reichtumsecke des Raums, und dekorieren Sie sie mit Bildern und Pflanzen. Noch besser ist ein Blick aus dem Fenster ins Grüne.

L-förmige Sitzgruppen (oben) lassen sich leicht zu einer günstigeren U-Form umgestalten.

Fotos und Farben

Der Bereich Familie im Wohnzimmer kann z. B. durch Fotos oder durch ein Familienwappen verstärkt werden, oder auch durch ein Erbstück von den Großeltern. Beides kann ebenso an der Familienseite des Eingangsbereichs sehr wirksam sein.

Das Wohnzimmer sollte verschiedenfarbige Gegenstände enthalten und so dem Bewohner oder Besucher immer neue Anregungen geben, wobei die Wirkung der Farben von besonderer Bedeutung ist.

Wenn zwei Türen sich gegenüberliegen, verdecken Sie eine davon durch einen Wandschirm oder Vorhang, weil sonst das Chi allzu schnell durch den Hinterausgang wieder verschwindet. Wenn dies nicht möglich ist, versuchen Sie die Möbel so zu stellen, dass sie nicht im Durchgangsbereich zwischen den beiden Türen stehen und vom Chi geschnitten werden. Das Gleiche gilt für sich gegenüberliegende Fenster. Entschärfen Sie an Fensterbänken und Tischkanten das schneidende Chi durch Bänder, Fransenborten und überhängende Tischdecken.

Das Schlafzimmer

Das Schlafzimmer liegt am günstigsten im Bereich Partnerschaft, da es vor allem dem Zusammensein der beiden (Ehe-)Partner dient. Für allein lebende Personen bietet auch der Bereich Tai Chi in der Mitte des Hauses gute Schlafbedingungen. Wichtig ist die Ausrichtung des Bettes, da der Mensch hier einen großen Teil seiner Zeit verbringt und sich erholen soll. Das Bett sollte weder mit dem Kopf- noch mit dem Fußende auf ein Fenster oder eine Tür zeigen, am besten also an einer Seitenwand stehen. Die Tür wird im Feng Shui als der Mund des Chi bezeichnet, durch den das Chi in den Raum hereinströmt und unter Umständen den im Bett Liegenden nicht zur Ruhe kommen lässt. Lässt sich das Bett nicht umstellen, kann man das Chi auch durch einen Wandschirm vom Bett ablenken. Das Bett soll auch nicht quer neben einer Tür stehen, da der Schläfer dann vom hereinströmenden Chi geschnitten wird.

Das Chi sollte seinen Weg nicht durch Ihr Bett nehmen.

Der richtige Platz zum Liegen

Unter einer Dachschräge bekommt der Schläfer nicht genügend Chi mit, weil der Raum eingeschränkt ist. Keinesfalls soll das Bett mit dem Kopfende an einer Wand stehen, in der Elektro- oder Wasserleitungen verlaufen und die Körperenergien des Schlafenden beeinträchtigen. Am besten probieren Sie verschiedene Schlafrichtungen aus und wählen diejenige, die für Sie persönlich am angenehmsten ist. Stellen Sie die übrigen Möbel so auf, dass

sie nicht mit spitzen Ecken auf den Schlafenden zeigen. Lassen Sie viel Platz dazwischen – das Schlafzimmer sollte keine Rumpelkammer sein.
Kaufen Sie sich auch ruhig einmal eine neue Matratze, und werfen Sie die alte hinaus, denn Ihre Sorgen und schlechten Träume haben Schwingungen in der Matratze hinterlassen, die sich mit den Jahren summieren und auf Sie zurückstrahlen.

Gehen Sie auch im Schlafzimmer so vor, wie es auf Seite 43f. für den Eingangsbereich beschrieben ist.

Passende Farben wählen

Die Farben Blau und Grün gelten als günstig für ein Schlafzimmer, da sie beruhigend wirken. Starke Muster hingegen beunruhigen. Orange, Rosa und Rot sind anregend und förderlich für die Sexualität. Probieren Sie die Farben zunächst an einer Wand oder einem Bettbezug aus, und wählen Sie diejenige Farbe, bei der Sie sich am wohlsten fühlen.
Steckdosen, Radiowecker und elektrische Leitungen sollten mindestens einen halben Meter vom Schlafenden entfernt sein. Fernsehgeräte gehören ebenso wenig ins Schlafzimmer wie alle Gegenstände, die das Chi anheben, also z. B. Zimmerbrunnen oder Wasserfallbilder, denn sie lassen den Menschen nicht zur Ruhe kommen.
Im Schlafzimmer sollten sich keine Spiegel befinden, zumindest nicht dort, wo sie das Chi auf den Schläfer zurückwerfen und ihn beunruhigen könnten. Eine poetische Erklärung dafür lautet, dass beim Schlafen die Seele den Körper verlässt und erschrecken könnte, wenn sie sich plötzlich im Spiegel sieht.
Es wird gesagt, dass Spiegel auch das Eheglück beeinträchtigen können, da durch den Spiegel optisch zusätzliche Personen (nämlich die Spiegelbilder der beiden Ehepartner) ins Schlafzimmer gebracht werden und so den Frieden stören.

Das Kinderzimmer

Gerade bei Kinderzimmern ist es wichtig, die verschiedenen Bereiche gut zu trennen und doch zu harmonisieren; denn hier wird gespielt, gelernt und geschlafen.

Das Kinderzimmer sollte im Bereich Kinder oder Wissen untergebracht sein. Für die Stellung des Betts gilt das Gleiche, was bereits im Abschnitt über das Schlafzimmer gesagt worden ist. Die Spielecke sollte hell und freundlich und mit einem Teppich ausgelegt sein. Als Arbeitsbereich für die Schulaufgaben eignet sich die Wissensecke des Zimmers am besten, nämlich die Ecke links von der Tür, wenn man hereinkommt. Sie sollte gut beleuchtet sein und durch eine ruhige Tapete die Sammlung fördern. Wenn das Kind leicht ermüdet, benutzen Sie Pflanzen, Licht oder Musikinstrumente, um das Chi im Raum zu verstärken. Die übrigen Wände können bunt sein, damit die Entwicklung des Kindes auf verschiedene Arten angeregt wird. Stellen Sie keine schweren alten Erbstücke wie Schränke oder Kommoden ins Kinderzimmer, sie wirken auf die junge Seele bedrückend und belastend.

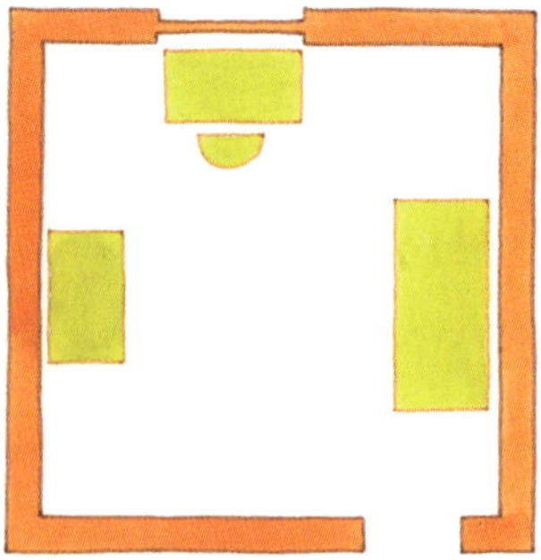

Ungünstig: der Arbeitsplatz mit dem Rücken zur Tür.

Kinderzimmer – ein Fallbeispiel

Das Zeugnis eines kleinen Jungen war ausgesprochen schlecht. Seine Lehrerin sagte, er sei unkonzentriert, könne nicht stillsitzen, könne sich nichts merken und bleibe immer weiter hinter dem Klassendurchschnitt zurück. Der Vater des Jungen hatte sich mit Feng Shui beschäftigt und nahm sich jetzt das Zimmer seines Sohns vor.

Es lag auf der Familienseite der Wohnung. Der Arbeitstisch des Jungen stand am Fenster, mit dem Rücken zur Tür. An der einen Seitenwand stand der Kleiderschrank, der mit seiner spitzen Seitenkante genau auf den Arbeitsplatz des Jungen zielte. Das Bett stand an

der anderen Seitenwand, mit dem Fußende zur Tür. Die Wände waren zweifarbig gestrichen, grün und rot, und die übrige Einrichtung bestand aus Regalen und sehr viel Unordnung, wie es bei Schuljungen üblich ist.
Der Vater fand heraus, dass das Zimmer des Jungen in der Wissensecke der Wohnung am günstigsten liegen würde. Dort befand sich jetzt das Wohnzimmer. Mit einem Tausch der beiden Zimmer waren sowohl die Mutter als auch der Sohn einverstanden.

An diesem Beispiel wird deutlich, wie bereits mit wenig Aufwand große Wirkung erzielt werden kann.

Tapetenwechsel

Das neue Zimmer des Sohns wurde hellblau gestrichen, da diese Farbe beruhigt, während in seinem früheren Zimmer das Rot seine Überaktivität noch mehr angeheizt hatte. Der Arbeitstisch wurde mit der Front in Richtung Tür gestellt, damit der Junge sehen konnte, wer hereinkam. Eine neue Arbeitslampe auf dem Tisch beleuchtete seine Hefte und Bücher und lenkte zusätzliches Chi darauf. Der Junge suchte sie selbst aus und war nun stolz auf seinen Erwachsenenschreibtisch. Der Kleiderschrank wurde durch einen Spielschrank ergänzt, so dass beide zusammen mit einer geschlossenen Vorderfläche die gesamte Seitenwand des Zimmers einnahmen und keine spitzen Kanten mehr ihre Giftpfeile in den Raum schicken konnten. Der Spielschrank verbarg die Vielfalt der Werkzeuge und Spielsachen, so dass auch das äußere Erscheinungsbild mehr Ruhe ausstrahlte. Auf den Fußboden kam ein runder strapazierfähiger Teppich, und der Vater nahm dem Sohn das Versprechen ab, diesen Teppich immer von herumliegenden Dingen freizuhalten und ihn als besonderen Ort zu betrachten.

Günstig: Der Arbeitsplatz bietet freien Blick auf den Eintretenden.

Er hatte nämlich gelesen, dass die Mitte des Zimmers auch die Mitte des Menschen beeinflusst und dass ein Ausgleich zwischen Yin und Yang stattfinden kann, wenn diese Mitte eine ruhige Zone ist. Er hoffte, dass sich dadurch der Wirrwarr im Denken des Sohns klären würde.

Das Ergebnis: Der Junge war nach Beobachtungen der Eltern und der Lehrerin weniger fahrig und arbeitete beständiger und konzentrierter.

Oft werden gerade die Arbeitszimmer, in denen am meisten Konzentration gefragt ist, vernachlässigt.

Das Arbeitszimmer

Das Arbeitszimmer liegt am günstigsten in einem der Bereiche Karriere, Reichtum oder Ruhm. Wenn es einem geistig arbeitenden Menschen gehört, kann auch der Bereich Wissen angemessen sein, bei sozial arbeitenden Menschen darüber hinaus die Bereiche Familie und Kinder.

Stellen Sie den Schreib- oder Arbeitstisch so, dass Sie die Tür im Blick und damit die Kontrolle darüber haben, wer hereinkommt. Sie sollten nicht mit dem Rücken am Fenster sitzen. Wenn es nicht anders geht, stellen Sie Blumentöpfe auf die Fensterbank, hängen Sie ein Windspiel vor das Fenster oder heften Sie Aufkleber an die Fensterscheibe, damit das Chi in Ihrem Rücken zerstreut wird. Positive Symbole und Bilder können das Chi in einem Arbeitszimmer anheben, wie z. B. ein Wanderer, der einem Ziel entgegenstrebt, ein Füllhorn, dem eine bunte Vielfalt an Ideen und Einfällen entströmt, oder eine Bienenwabe, deren Zellen eine nach der anderen mit süßem Honig gefüllt werden.

Auch die Schreibtischoberfläche kann nach den Regeln des Feng Shui gestaltet werden.

Wenn Sie viel am Computer arbeiten müssen, legen Sie Kristalle vor sich auf den Arbeitstisch: Sie vermindern die elektronische Strahlung. Auch Grünpflanzen verbessern das Chi im Arbeitszimmer.

Verständnis entwickeln

Gehen Sie aufmerksam durch Ihr Arbeitszimmer, und nehmen Sie bewusst alle Türen, Fenster und Einrichtungsgegenstände wahr. Bestimmen Sie anhand des oben Gesagten die Vorteile und Nachteile Ihrer Einrichtung. Überlegen Sie, was Sie ändern möchten. Schauen Sie im Kapitel über Hilfsmittel (Seite 29ff.) nach, wie Sie die Nachteile kompensieren können. Was ist in Ihrem Zimmer überflüssig? Was fehlt?

Auch der Schreibtisch selbst kann mit Hilfe des Bagua optimal eingeteilt werden. Legen Sie in diesem Fall den Eingangsbereich dort an, wo Ihr Sitzplatz ist.

Arbeitszimmer – ein Fallbeispiel

H. war eine lebenslustige und liebevolle Frau, die zwölf Jahre lang verheiratet gewesen war und nun schon ebenso lange allein lebte. Obwohl Sie sich immer wieder darum bemühte, kam es nicht zu einer ernsthaften neuen Beziehung mit einem Mann.
In ihrer Wohnung lag die Partnerschaftsecke in ihrem Arbeitszimmer. Dort stand ein massives, zwei Meter hohes Aktenregal mit Ordnern voller Papiere, Protokolle, Konzepte, Manuskripte usw. Daneben gab es noch einen Tisch mit Büchern, Briefen etc.
H. sortierte ihre Papiere und stellte fest, dass vieles davon weggeworfen werden konnte. Für den Rest beschaffte sie einen Rollwagen mit Hängeregistern, der in eine andere Ecke geschoben wurde. Dann zerlegte sie den Schrank und gab ihn zum Sperrmüll. Der Büchertisch wurde entfernt, und die Bücher wurden in Wandregale eingeordnet. In den nun entstandenen freien Teil des Raums wurde ein heller Teppich gelegt, darauf

stellte sie einen runden Caféhaustisch mit zwei leichten Stühlen und zwei pinkfarbenen Kissen (Pink ist die beste Farbe zur Förderung von Beziehungen).

Die Partnerecke sollte nicht als Arbeitsplatz genutzt werden …

Die Zahl zwei ist in diesem Zusammenhang besonders wichtig; sie symbolisiert, dass zwei Menschen zusammenkommen sollen. Darum wurde an der Wand auch noch ein Bild aufgehängt, auf dem zwei Menschen aufeinander zu gehen. Auch in den anderen Räumen der Wohnung wurden jeweils die Partnerschaftsecken aktiviert, indem in die eine zwei gläserne Herzen, in die andere zwei Fische und in die dritte zwei Glöckchen gehängt wurden.

Das Ergebnis? Gleich am ersten Tag riefen drei Männer an, die allerdings allesamt unbekannt und falsch verbunden waren. Und ein Fremder klingelte an ihrer Haustür, um eine Auskunft zu erfragen. H. nahm das als Zeichen dafür, dass das Chi in ihrer Beziehungsecke wieder in Bewegung geraten war.

… sondern lieber freundlich und kommunikativ gestaltet sein.

Die Küche

Die Küche als Ort der Nahrungszubereitung erhält uns gewissermaßen am Leben und steht daher auch für Wohlstand und Glück. Sie sollte nicht unmittelbar neben dem Bad liegen, damit der Wohlstand nicht gleich wieder weggespült wird. Ein dazwischen gehängtes Windspiel kann das verhindern. Herd und Spüle sollten auch nicht unmittelbar nebeneinander liegen, da sich sonst die Elemente Feuer (vom Herd) und Wasser (von der Spüle) gegenseitig bekämpfen. (Das chinesische Zeichen für Unglück ist eine Zusammensetzung der Zeichen für Wasser und Feuer!) Wo dies der Fall ist, kann ein dazwischen gestellter doppelseitiger Spiegel oder eine hellblaue Abgrenzung Abhilfe schaffen. Über dem Herd sollten unbedingt Spiegel angebracht werden, da sie die Speisen und damit den Reichtum des Hauses verdoppeln. Die Küche muss sich gut be- und entlüften lassen, damit abgestandenes Chi hinausgeleitet und frisches Chi angezogen wird.

Sehr viele elektrische Geräte wirken sich ebenfalls negativ auf das Chi aus. Hier sollte man überlegen, ob z. B. Mixer oder Toaster ununterbrochen am Stromnetz hängen müssen.

Das Esszimmer

Das Esszimmer liegt am günstigsten in einem der Bereiche Familie, Partnerschaft oder Kinder, da es – ähnlich wie das Wohnzimmer – die im Haus lebenden Personen vereinigt. Es soll eine harmonische und beruhigende Atmosphäre ausstrahlen und nicht zu viele Fenster und Türen haben, da sonst Unruhe kreuz und quer durchs Zimmer zieht und die Mahlzeit stört. Ein runder Tisch symbolisiert den Segen des Himmels, weil er das Chi fließend weiterleitet. Schrankecken sollten nicht mit der spitzen Kante auf die Essenden zeigen, das könnte Magenbeschwerden verursachen. Spiegel sind insofern gut, als sie die Speisen optisch verdoppeln; jedoch sollten sie den Essenden nicht die Köpfe »abschneiden«. Wenn Sie keinen gesonderten Raum für die Mahlzeiten haben, gelten dieselben Regeln für Ihre Essecke. Trennen Sie diese durch ein Regal oder ein Sofa vom übrigen Zimmer ab. Die Farben im Essbereich sollten hell und freundlich sein; Rosa, Hellgrün oder Hellblau fördern den Appetit.

Spiegel dürfen keine Köpfe abschneiden.

Das Badezimmer

Die Meinungen über die beste Lage des Badezimmers sind geteilt; in einer Mietwohnung ist sie ohnehin von vornherein festgelegt. Als negativ wird angesehen, dass durch die Wasserspülung das gute Chi allzu schnell hinweggespült wird. Am ungünstigsten ist es, wenn das Bad in der Mitte der Wohnung im Bereich Tai Chi liegt. Auf Dauer soll dies Krankheiten mit sich bringen, weil das Zentrum des Bewohners gestört wird. Durch mehrere sich gegenüberliegende Spiegel im Badezimmer können Sie das Chi anheben und die ungünstigen Wirkungen verhindern.

Vor allem die Toilette soll möglichst nicht im Bereich Beruf oder im Bereich Geld liegen und diese gefährden. Am besten ist es, wenn man die Toilette durch eine kleine Mauer oder einen Vorhang vom übrigen Badezimmer abtrennen kann.

Gründliche Hygiene ist gerade im Badezimmer eine wichtige Voraussetzung für ein positives Chi. Eine abgetrennte Toilette hilft dabei.

Für gute Luft sorgen

Wichtig ist auch, dass gut gelüftet werden kann. Bad und Toilette sollten stets ein Fenster haben. Eine eiserne Regel: Halten Sie stets den Deckel des Klosetts geschlossen! Und halten Sie auch die Tür zur Toilette geschlossen, damit das negative Chi nicht in die anderen Räume vordringen kann.

Wenn Wasserhähne oder Rohre undicht sind, bedeutet das, dass auch das Geld der Familie an undichten Stellen wegsickert und verschwindet. Verstopfte Leitungen und Rohre dagegen können auf Verdauungsbeschwerden eines Bewohners hindeuten. Achten Sie also bei Bad und WC auf frische Luft, geschlossene Türen und funktionierende Zu- und Abflussleitungen.

Verständnis entwickeln

Betrachten Sie aufmerksam alle Einzelheiten Ihres Badezimmers, alle Türen, Fenster, Armaturen und Einrichtungsgegenstände. Bestimmen Sie anhand des zuvor Gesagten die Vor- und Nachteile dieser Anordnung. Überlegen Sie, was Sie ändern können, und schauen Sie im Kapitel über Hilfsmittel (Seite 29ff.) nach, wie Sie die Nachteile kompensieren können, indem Sie das Chi an geeigneten Stellen anreichern, zerstreuen oder abblocken. Zur Anreicherung des Chi passen Fische als Symbol gut ins Bad – sei es nun als Bild, als plastisches Objekt oder als Mobile aus Holz, Glas, Keramik, Stoff, oder Papier. Auch Pflanzen gedeihen gut in der feuchten Atmosphäre. Vielleicht haben Sie noch eine ungenutzte Ecke übrig, oder Sie hängen einfach eine Blumenampel mit einer Efeuranke an die Wand.

Im Badezimmer muss man besonders darauf achten, dass die Sogwirkung, die Energie aus den anderen Zimmern abzieht, nicht überhand nimmt.

Das Gästezimmer

Je nachdem, ob es sich bei den Gästen vorwiegend um ältere Angehörige, Freunde oder Kinder handelt, kann das Gästezimmer im Bereich Familie, Helfer, Partnerschaft oder Kinder untergebracht werden. Das Gästezimmer sollte aber nicht mit ausrangierten Möbeln ausgestattet werden, die sonst nirgendwo Platz finden, und auch nicht mit dem röhrenden Hirsch, der allen Familienmitgliedern nur Alpträume verursacht. Möblieren Sie das Gästezimmer einfach, aber freundlich. Mehr als Bett, Tisch und Stuhl, eventuell noch ein paar Kleiderhaken braucht es nicht zu enthalten. Achten Sie auf schneidende Kanten an den Möbeln, und kaschieren Sie sie durch Bänder, Borten oder Decken.

Der Abstellraum

In vielen Zimmern gibt es eine »Schmuddelecke«, in der so gut wie nie aufgeräumt wird. Finden Sie für diese Bereiche eine neue und sinnvolle Nutzung.

Der Abstellraum (Dachboden, Keller) dient der Aufbewahrung zeitweise nicht benutzter Gegenstände. Meist füllt sich der Raum relativ schnell. Diese gestapelten Gegenstände stauen das Chi, behindern seinen Fluss und schwächen es dadurch. Um das zu verhindern, sollte man eigentlich überhaupt nichts mehr aufbewahren. Wie wir alle wissen, ist das aber in der Praxis schwer durchführbar. Vorsichtshalber können Sie jedoch herausfinden, ob die Ansammlung von Altmaterial in der Familie ungelöste Probleme verursacht. Beobachten Sie, in welchem Bereich der Abstellraum liegt oder wo sonst in der Wohnung sich größere Stauräume und -ecken befinden. Haben Sie oder ein anderes Familienmitglied in dem entsprechenden Lebensbereich Schwierigkeiten? Eine Entrümpelung der betreffenden Stellen kann auch die psychischen oder körperlichen Probleme beheben.

Das Gleiche wie für Abstellräume gilt für zeitweilig unbenutzte Räume, wenn z. B. die Kinder ausgezogen sind oder ein Ehepartner gestorben ist. Geben Sie solchen Räumen eine neue Funktion.

Abstellraum – ein Fallbeispiel

Die Familie G. hatte ständig unter den Nachbarn zu leiden, die nebenan auf derselben Etage wohnten. Die Kinder der Nachbarn polterten in der Wohnung herum und spielten Fußball, was die G.s wegen der hellhörigen Wände nur schwer ertragen konnten. Das Schlimmste war, dass der gemeinsame Hausflur, der zum Hauseingang führte, für die G.s manchmal fast unpassierbar war, da er mit Fahrrädern, Mülltüten, Kartons u. Ä. vollgestellt war. Freundliche Hinweise nützten nichts.

Dann riet eine Feng-Shui-Expertin der Familie, ihre Helferecke zu überprüfen. Vielleicht könne man ja auf diese Weise aus den nervtötenden Nachbarn kooperierende Mitmenschen machen?
Die G.s unterzogen also ihre Helferecke einer genauen Prüfung: Sie sah ganz ähnlich aus wie der kritisierte Hausflur. Sie umfasste nämlich einen Abstellraum, der mit Mülleimern und Kartons vollgestellt war. Ein Regal an der Wand enthielt Packmaterial, alte Kataloge und Blumentöpfe, die wiederverwendet werden sollten, weiterhin Werkzeug und Putzmaterial. Daneben standen Besen, Staubsauger und Gartengeräte.

Die Garage ist wie ein Abstellraum zu behandeln. Achten Sie besonders darauf, in welchem Bagua-Bereich die Garage liegt; denn häufig ist sie außen an das Haus angebaut und stellt daher eine Erweiterung des betreffenden Bereichs dar.

Ballast abwerfen

Frau G. machte sich ans Großreinemachen: Sie warf alle nicht mehr benötigten Gegenstände weg und hängte einen bunten Vorhang vor die eine Wand, hinter der das Regal und die sperrigen Geräte gut aufgehoben waren. Eine Efeuranke kam in die Ecke daneben. Abstellräume sind oft mit Chi unterversorgt, besonders wenn sie kein Fenster haben. Herr G. schraubte deswegen eine 100-Watt-Birne in die Deckenlampe, so dass alle Ecken gut ausgeleuchtet waren.
Das Ergebnis: Am nächsten Tag sprach der Nachbar Frau G. an und erklärte ihr, das Fahrrad im Flur werde dort nur noch eine kleine Weile stehen, bis er eine andere Möglichkeit der Unterbringung gefunden habe. Er wolle es nicht draußen im Hof lassen, da ihm schon mehrmals ein Fahrrad gestohlen worden sei. Die Kartons und Mülltüten verschwanden, und die Nachbarin bot sich an, das Flurputzen zu übernehmen, während die G.s in Urlaub waren. Die Aktivierung der Helferecke, die Ausbreitung der Ordnung im ganzen Haus, war für alle fruchtbar.

Raumkombinationen

Manchmal muss ein Raum mehrere Funktionen gleichzeitig erfüllen. Chi-Überlegungen optimieren solche Mehrzweckzimmer.

Raumteilung: Ein Arbeitszimmer (oben) erhält einen kleinen Eingangsbereich, der Intimität schafft (unten).

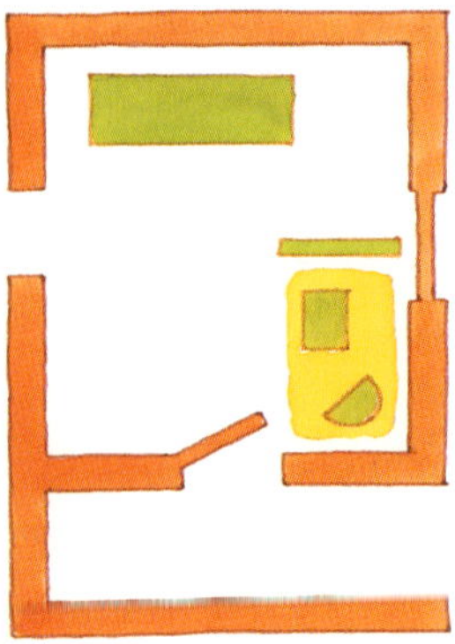

Eingang und Arbeitszimmer – ein Fallbeispiel

Frau A. bewohnte eine Dreizimmerwohnung, die durch Teilung aus einem großen Arzthaushalt mit Praxis entstanden war und die weder einen Flur noch sonst einen Eingangsbereich enthielt. Die Wohnungstür führte direkt ins Vorderzimmer. A. machte dieses Zimmer zu ihrem Büro, da sie damals ein kleines Unternehmen leitete.

Dabei war es ihr ganz recht, dass die Kunden direkt vom Treppenhaus in dieses Büro traten. Später, als diese Etage nur noch als Privatwohnung diente, wünschte sie sich dann aber doch einen eigenen Eingangsbereich, so dass Besucher nicht unmittelbar vor ihrem Schreibtisch standen.

Sie konnte das Zimmer allerdings nicht unterteilen, da es nur ein Fenster besaß, dessen Licht sie an ihrem Arbeitsplatz brauchte.

Sie erreichte aber eine optische Trennung durch ein halbhohes Regal und einen gelben Teppich, der eine Art Insel schuf, auf der sie einen bequemen Stuhl, ein Telefontischchen und einen Kleiderständer aufstellte. Auch für sie selbst war das Nachhausekommen jetzt angenehmer – sie stand nicht gleich vor ihrer Arbeit, sondern konnte erst einmal in Ruhe ihre Taschen abstellen, ihren Mantel ablegen, sich setzen und die Schuhe ausziehen.

Wohnschlafzimmer

Ähnliche Probleme treten bei Singles in kleinen Wohnungen oder in Einzimmerappartements auf. Auf die Dauer ist der Nachtschlaf tiefer und ruhiger, wenn der Wohn- und Schlafbereich voneinander getrennt sind, sei es durch Vorhänge, Regale, verschiedene Teppiche, Stufen, einen größeren Zwischenraum, unterschiedliche Farbgebung, eine spanische Wand o. Ä. Für die Kochecke gilt das, was oben über die Küche gesagt wurde. Da es hierfür genügend Vorschläge in den einschlägigen Zeitschriften gibt, soll hier nicht weiter darauf eingegangen werden.

Bedenken Sie, dass schon die Platzierung der Möbel große Wirkung hat. Auch Pflanzen oder kleinere Accessoires fördern im Sinn des Feng Shui den Fluss des Chi.

Möblierte Zimmer und Ferienwohnungen

Vielleicht haben Sie zeitweise Räumlichkeiten gemietet, die bereits von anderen Menschen eingerichtet wurden. Dann können Sie unerwünschte Möbel nicht einfach hinauswerfen. Aber vielleicht lassen sich die Einrichtungsgegenstände – eventuell nach Rücksprache mit dem Vermieter – für die Dauer Ihrer Anwesenheit so umstellen, dass die wichtigsten Gesichtspunkte des Feng Shui berücksichtigt sind. Man kann sicherlich auch ein Windspiel aufhängen, einen Spiegel umhängen oder ein störendes Bild abhängen. Beginnen Sie mit dem, was problemlos machbar ist. Und denken Sie an die Farben! Ein roter Überwurf über dem Sofa oder ein gelbes Kissen an der richtigen Stelle können unter Umständen sehr viel bewirken und erfordern keinen großen Aufwand.

Auch von außen können Sie Ihr Zimmer durch das Aufhängen eines originellen Namensschildes, eines Bildes oder eines Türkranzes vor schädlichen Einflüssen schützen.

Die Bedeutung der Farben

Jede Farbe hat eine andere Wellenlänge und trägt daher mit einer anderen Schwingung zum Chi bei. Eigentlich spürt jeder Mensch diese Schwingungen – wir alle empfinden, dass Blau beruhigt und Rot anregt. Dennoch muss man genau prüfen, welche Farben man in seiner Wohnung für welche Zwecke einsetzt.

Farben und Muster richtig nutzen

In der Tabelle auf Seite 64 sind für jeden Lebensbereich diejenigen Farben zusammengestellt, die nach den Feng-Shui-Regeln dort besonders wirksam sind.
Jede Farbe trägt auf andere Weise zum Chi eines Zimmers bei: Grün, Blau und alle Pastellfarben wirken dämpfend, Rot, Gold, Purpur, Türkis und alle kräftigen Farben heben die Energie an, Braun, Rotbraun und alle dunklen Farben verlangsamen die Energie.

Die Farbgestaltung hängt von der Raumnutzung, vom Lichteinfall, von der Einrichtung und von den Himmelsrichtungen ab.

Die Farbensymbolik kennen lernen

Wenn Sie ein Chinarestaurant besuchen, werden Sie feststellen, dass dort die Farben Rot, Gold und Grün vorherrschen – sie werden absichtlich eingesetzt, um den Wohlstand des Geschäfts zu heben. Wenn man im Fernen Osten einen Feng-Shui-Berater engagiert, gibt man ihm sein Honorar in einem Glück bringenden roten Umschlag. Das Geld, das man zu Hochzeiten und am Neujahrstag verschenkt, muss ebenfalls in einem roten Umschlag überreicht werden.

Farbwirkungen in der Wohnung

Wenn Sie Ihre Partnerschaft verbessern oder eine neue Beziehung eingehen wollen, legen Sie ein rosafarbenes Kissen in die Partnerschaftsecke, oder stellen Sie rosafarbene Rosen dort auf. Wenn Sie sich mehr Austausch mit Ihren Eltern oder Geschwistern wünschen, stellen Sie einige Grünpflanzen in Ihre Familienecke oder streichen Sie die Wand dort grün an. Prüfen Sie dann, wie Ihnen die neue Farbanordnung gefällt: Haben Sie dabei ein gutes Gefühl? Keine Feng-Shui-Regel ist unumstößlich; es könnte durchaus sein, dass die oben genannten Farben für Sie nicht die richtigen sind. Versuchen Sie es dann zunächst mit einem anderen Ton derselben Farbe.

Die Farben in einer Wohnung sollten mit der Grundstimmung ihrer Bewohner harmonieren. Eher melancholische Typen wenden z. B. Schwarz besser nur ganz spärlich an.

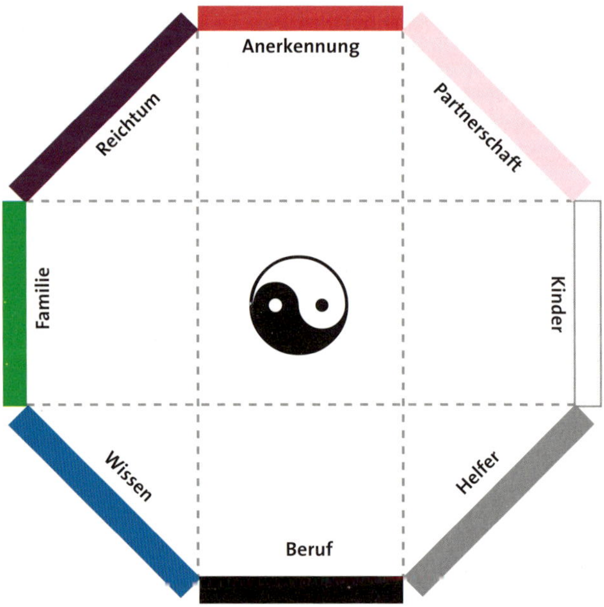

In den nachfolgenden Abschnitten werden die Farben so charakterisiert, wie es uns Europäern geläufig ist; die Chinesen kennen zum Teil ganz andere Farbbedeutungen, die uns fremd sind. So ist für sie Weiß die Farbe des Todes – dementsprechend trägt man bei chinesischen Beerdigungen Weiß. Bei Hochzeiten ist Rot die vorherrschende Farbe, weil es die Glücksfarbe ist. In China werden auch gern die Möbel rot gestrichen, so sieht man in vielen chinesischen Wohnungen rote Tische, Stühle und Schränke.

Blau

Blau ist eine kühle Farbe, es wirkt beruhigend und entspannend und fördert die Verbindung zur spirituellen Welt. Es steht für das Unbewusste und für seelische Tiefe. Blau ist für uns Deutsche die Farbe der Treue und Standhaftigkeit. Wir suchen die »blaue Blume der Romantik« und fühlen uns verzaubert in einer »blauen Stunde«. Blau eignet sich als Wandfarbe für das Schlafzimmer. Für die Chinesen ist Blau die zweite Trauerfarbe und wird daher in bestimmten Zusammenhängen nicht gern benutzt.

Rot ist nicht gleich Rot. Es kann aggressiv machen oder beruhigen – je nachdem, welche Farbnuance man wählt. Prüfen Sie daher immer, wie ein bestimmter Farbton auf Sie wirkt.

Rot

Rot ist die Farbe der Vitalität, es regt an und verleiht Energie, kann aber auch Aggression bedeuten. Es kann leicht zu stark werden, darum streichen Sie nie sämtliche Wände eines Zimmers rot an. Schon einzelne rote Gegenstände – eine Vase, ein Buch, ein Kissen oder eine Decke – geben dem Zimmer einen anregenden Akzent. Rot kann schädliches Chi vertreiben.
Ein Beispiel: B. hatte ihr Wohnzimmer vor vier Jahren mit goldgelben Fenstervorhängen, einem orangeroten Sofa und ebensolchen Kissen ausgestattet. Nun stellte

Lebensbereiche und günstige Farben

Beruf	Schwarz (unterstützend: Grau)
Wissen	Blau (unterstützend: Schwarz, Grün)
Familie	Grün (unterstützend: Blau)
Reichtum	Purpur (unterstützend: Grün, Rot)
Anerkennung	Rot (unterstützend: Purpur)
Partnerschaft	Pink (unterstützend: Rot, Weiß)
Kinder	Weiß (unterstützend: Gelb)
Helfer	Grau (unterstützend: Weiß, Schwarz)
Tai Chi	Gelb, auch Orange, Gold und Braun (unterstützend: Rot)

Die Farben können auch den chinesischen fünf Elementen zugeordnet werden: Holz beschreibt Wachstum und Leben – Grün; Feuer steht für Licht und Sommer – Rot; Erde zielt auf Boden und Steine – Gelb; Wasser steht für alles, was im Fluss und im Übergang ist – Schwarz und Blau; Metall beschreibt das materielle Prinzip, Arbeit und den Abend – Weiß.

der Arzt überhöhten Blutdruck bei ihr fest. Sie spürte auch selbst, dass sie oft überdreht und nervös war. Eines Tages bekam sie Lust, die Möbel umzustellen und alles neu zu dekorieren. Statt der gelben hängte sie jetzt beige und weiß gestreifte Gardinen auf, und das Sofa bekam einen blassgrünen Überwurf, so dass das Rot verschwand. Freunde fanden das Wohnzimmer jetzt eher langweilig, aber B. atmete auf, denn sie hatte nun endlich das Gefühl, zur Ruhe zu kommen. Auch ihr Blutdruck hatte bald wieder normale Werte.

Weiß

Weiß ist die Summe aller Farben. Wenn man weißes Licht durch ein Prisma leitet, kann man sehen, wie es sich in die Regenbogenfarben aufspaltet. Weiß steht für Reinheit und Vollkommenheit. Diese Farbe kann man überall verwenden, jedoch wirkt ein rein weißer Raum leicht steril und unterkühlt, deshalb sollten immer einige Farbtupfer hinzugefügt werden.

Gelb

Gelb ist – wie Rot – eine warme Farbe, es regt vor allem die Verstandestätigkeit und die Kommunikation an. Daher eignet es sich besonders gut für Arbeitszimmer, Sprechzimmer und Kinderzimmer. Gelb gilt auch als Farbe der Kreativität.
In China ist Gelb die Farbe der Macht: Die chinesischen Kaiser trugen stets gelbe Gewänder. Daneben gilt Gelb auch als die Farbe der Weisheit.

Farbgestaltung bedeutet nicht, dass immer gleich der ganze Raum in einer bestimmten Farbe gestrichen werden sollte. Oft können schon kleine, sorgfältig gesetzte Farbakzente eine Menge bewirken.

Grün

Grün ist die Farbe der Ausgeglichenheit, des Friedens, der Hoffnung, aber auch des Wachstums, der belebten Natur und der sommerlichen Jahreszeit. Krankenzimmer sind manchmal grün gestrichen, weil diese Farbe die Heilung fördert. Der Blick ins Grüne wirkt erholsam, auch wenn dieses Grüne nur eine Topfpflanze auf der Fensterbank ist. Grün ist die Farbe des Gebens und Nehmens und daher für Geschäftsinhaber ein Hilfsmittel, den Verkauf zu fördern.

Purpur

Purpur ist für die Chinesen eine Steigerung von Rot und führt daher zu einer Steigerung des Glücks. Bei uns wird es im Alltag selten verwendet. Es ist vor allem im kirchlichen Bereich gebräuchlich.

Schwarz

Schwarz ist die Abwesenheit aller Farben, es ist daher ein Symbol für innere Tiefe. Im westlichen Brauchtum ist Schwarz auch die Farbe der Trauer. Ein ganz in Schwarz gehaltenes Zimmer kann sehr deprimierend wirken, aber es kann auch – wie eine dunkle Höhle –

einen Zufluchtsort darstellen. Schwarz sollte nur in Maßen verwendet werden, eben als Kontrast- und Akzentfarbe. In China steht Schwarz für Geld.

Orange

Orange ist eine Mischung aus Rot und Gelb, es wärmt und regt an. Daher kann man es gut in Räumen verwenden, wo sich mehrere Menschen gemeinsam aufhalten, z. B. in Wohn- oder Esszimmern. Es wirkt schon aufmunternd, wenn nur eine Wand in diesem Farbton gestrichen oder tapeziert ist. Orange gilt auch als Glücksfarbe.

Orange hat eine heitere Ausstrahlung und eignet sich deswegen gut für melancholische Menschen. In der chinesischen Farbenlehre gilt es als Symbol des Neuanfangs.

Türkis

Türkis ist eine kühle und klare Farbe. Es fördert die sprachlichen Fähigkeiten und die Verständigung. Die Strahlung elektrischer Geräte in Büro und Haushalt lässt sich durch Türkis teilweise neutralisieren.

Violett

Violett ist eine Mischung aus Blau und Rot. Es reinigt und stärkt die Intuition und den Kontakt zum Übernatürlichen. Auch diese Farbe sollte nicht in großen Mengen verwendet werden, da sie sonst erschlagend wirkt. In einem Meditationsraum kann ein Gegenstand oder ein Bild in dieser Farbe inspirierend sein.

Rosa

Rosa ist die Farbe der romantischen Liebe und der Verliebtheit. Wie der Volksmund sagt, sieht man in diesem Gefühlszustand alles durch eine »rosarote Brille«. Rosa fördert innige Gefühlsbeziehungen und bindet Paare aneinander, daher ist es vor allem für das Eheschlafzimmer geeignet.

Braun

Braun ist die Farbe der Erde; es symbolisiert Verwurzelung und Beständigkeit, es vermittelt Geborgenheit und Stabilität. Braune Möbel schaffen eine Atmosphäre der Verlässlichkeit und des Realismus.

Verwenden Sie Braun äußerst sparsam, denn es kann unter Umständen die Kreativität hemmen. Helle Holzmöbel und ein Parkettboden sind vollkommen ausreichend.

Helle und dunkle Schattierungen

Wir alle wissen, dass es »das Blau« gar nicht gibt und dass sich jeder, wenn er »Blau« hört, wahrscheinlich einen anderen Farbton vorstellt: blasser oder kräftiger, wärmer oder kühler. Je nach der Tönung hat die Farbe dann auch wieder eine andere Wirkung.

Grund- und Akzentfarben

Nur selten sind alle Flächen und Gegenstände eines Raums – die Wände, der Teppich, die Möbel und Gardinen – in einer einzigen Farbe gehalten, beispielsweise in Rot. Meistens gehen wir beim Einrichten von einer Grundfarbe für die größeren Flächen aus, in der wir die Wände und Türen streichen und den Teppich auswählen. Eine solche Grundfarbe könnte beispielsweise ein helles Beige sein. Damit das Zimmer nicht zu eintönig wirkt, setzen wir dann eine Akzentfarbe dagegen, z. B. ein kräftiges Grün für Polstermöbel und Vorhänge. Richtig lebendig wird der Raum, wenn wir hier und da noch gezielt eine Kontrastfarbe hinzufügen, etwa orangefarbene Kissen.

Als Grundfarben sind alle hellen Farben geeignet; Hellblau und Hellgrün z. B. wirken entspannend und heiter. Aber auch ein gebrochenes Weiß, Beige oder ein helles Apricot sind empfehlenswerte Wandfarben.

Die Akzentfarben können ruhig kräftiger und dunkler sein; dazu gehören Blau, Grün, Rot, Orange, Goldgelb, aber auch Braun, Dunkelgrau und Schwarz. Die Kontrastfarben zu diesen Tönen sind aus der Farbenlehre bekannt: Rot und Grün sind Kontraste, ebenso Blau und Gelb (bis Orange) sowie Schwarz und Weiß. Man muss sich aber nicht sklavisch an diese Paarungen halten: Jede starke Farbe kann einen Kontrast zu einer Hintergrundfarbe bilden.

Auch harmonische Ton-in-Ton-Kombinationen können die Behaglichkeit und den Chi-Fluss steigern.

Die Wirkung von Formen und Mustern

Runde Formen wirken anders als eckige. Ein rundes Sofakissen wirkt einladender und gemütlicher als ein viereckiges, Möbel mit abgerundeten Ecken und Kanten sind umgänglicher und Vertrauen erweckender als solche, bei denen Ecken und Kanten spitz hervorstehen. Was macht einen Ohrensessel so gemütlich? Die schwellenden Polster, die so gar nichts Spitzes und Verletzendes an sich haben. Wie Sie beobachten können, werden auch beim Design von Haushaltsgeräten wie Toastern oder Staubsaugern immer mehr abgerundete Formen bevorzugt.

Überlegen Sie beim Einrichten eines Zimmers, welche Atmosphäre dort vorherrschen soll: eine einladende, liebevolle Atmosphäre – etwa im Wohnzimmer? Oder eine strenge, sachliche Atmosphäre – vielleicht im Ar-

Wenn es um Muster geht, sind Ihrer Phantasie kaum Grenzen gesetzt.

beitszimmer? Wählen Sie danach die Formen der Möbel und Gebrauchsgegenstände für diese Räume aus.

Tapetenmuster können beruhigend oder irritierend wirken, wie Sie sicher selbst schon erlebt haben. Auf dieser Seite sind häufig vorkommende Muster zusammengestellt, die immer auch in Verbindung mit der jeweiligen Farbe beurteilt werden müssen.

- Regelmäßige oder unregelmäßige Zickzacklinien oder spitze und zackige Elemente wirken beunruhigend und sollten daher in der Wohnung generell vermieden werden.

- Großflächige, stark ausgestaltete Rosetten oder ähnliche Ornamente können, wenn sie die ganze Wand bedecken, vor allem in dunklen Farben den Betrachter erschlagen, zumindest aber belasten.
- Senkrechte Streifen führen die Energie von oben nach unten und können dadurch eine reinigende Wirkung ausüben, sind also besonders für das Badezimmer geeignet.
- Waagerechte Streifen dagegen halten die Energie in der Schwebe und wirken so eher ausgleichend und beruhigend auf erregte Gemüter.

Ebenfalls beruhigend wirken einfarbige Flächen ohne Muster, sie können ihren Platz im Schlafzimmer finden.

- Zarte Ranken in Pastellfarben heben die Stimmung und entspannen, wenn sie nicht zu stark verschlungen sind. Dieselbe Wirkung können Streublümchenmuster haben; sie können aber auch, wenn die Einzelelemente stark farbig und dicht gesät sind, eine starke

Unruhe verbreiten und auf die Nerven gehen. Ebenso können – je nach Farbe – Karo- und Würfelmuster irritierend wirken.

Achten Sie besonders auf die Musterung von Fußbodenbelägen: Linien, die in Laufrichtung führen, verstärken den Fluss des Chi genauso wie Läufer oder Brücken in dieser Richtung. Muster und Teppiche, die quer zur Laufrichtung liegen, bremsen dagegen das Chi, was ja vor allem bei sich gegenüberliegenden Türen erwünscht ist, damit das Chi den Raum nicht gar zu schnell wieder verlässt.

Farben und die Empfindungen, die sie auslösen, sind auch von modischen Strömungen abhängig, denen wir uns nicht immer entziehen können. Darum ist es wichtig, dass Sie regelmäßig überprüfen, ob die von Ihnen gewählten Farben immer noch passend sind.

Welche Farben brauche ich?

- Für den Eingangsbereich kommen in erster Linie Hellblau, Hellgrün oder Hellrosa infrage, weil diese Farben auf den Eintretenden einladend wirken. Auch Streublümchenmuster oder waagerechte Streifen auf einer nicht zu kontrastreichen Hintergrundfarbe machen einen Vertrauen erweckenden Eindruck.
- Da das Wohnzimmer erlebnismäßig die Mitte des Hauses ist, kann es gut eine Farbe des Tai Chi zur Grundfarbe haben, nämlich Braun/Beige, Gelb oder Orange. Da hier aber alle Bewohner regelmäßig zusammenkommen und vielfältige Tätigkeiten stattfinden, sollte der Gesamtfarbeindruck durch Hinzufügen von Einzelheiten in Grün, Blau und Rot anregend gestaltet werden. Auch verschiedene ineinander verlaufende oder gegeneinander abgesetzte Wandfarben können ein Wohnzimmer beleben.
- Das Schlafzimmer kann zur Stärkung der Partnerschaft rosa ausgemalt oder tapeziert sein. Es kann auch ein lachsfarbener oder pfirsichfarbener Ton sein. Die

Bettwäsche kann gut in demselben Farbton gehalten sein. Ebenfalls günstig sind Hellblau und Hellgrün. Das Schlafzimmer sollte keine starken Muster wie Zickzacklinien oder großflächige Ornamente enthalten, da diese den Menschen nicht zur Ruhe kommen lassen.

Die verschiedenen Wirkungen der Farben werden auch in der Farbtherapie mit großem Erfolg eingesetzt.

Funktion und Farbe

▶ Im Arbeitszimmer brauchen Sie eine Umgebung, die nicht ablenkt, sondern die Konzentration fördert, z. B. ein ebenmäßiges Weiß, Grau oder Beige. Gelb regt den Intellekt an und ist daher für geistige Tätigkeiten förderlich. Waagerechte Streifen können auf einen unruhigen Geist ausgleichend und weiterführend wirken.

▶ Für das Kinderzimmer ist Grün immer richtig, da diese Farbe das körperliche und geistige Wachstum fördert. Je nach Veranlagung des Kindes können Sie zusätzlich mehr beruhigende (z. B. Blau) oder mehr aktivierende Farben (z. B. Orange) und Muster hinzufügen. Außerdem sollte das Kind seine Lieblingsfarben wählen und um sich haben dürfen.

Gedeckte Farbtöne und einige dezente Lichtquellen können einem vorher unschönen Raum eine ganz neue Ausstrahlung geben.

Die Kombination bestimmter Farben kann sehr günstig wirken. Bedenken Sie dabei aber, was auf Seite 67 über Grund- und Akzentfarben gesagt wurde.

- Für die Küche ist Weiß die geeignete Farbe. Sie fördert die Sauberkeit und wirkt angenehm als Hintergrund für die vielen unterschiedlichen Konturen und Farben der Geräte und Lebensmittel.
- Gestalten Sie das Esszimmer in möglichst appetitanregenden Farben, also in Rosa, Grün oder einem warmen Blau. Schwarz oder Grau sollten nicht in großen Flächen vorkommen, da sie eher den Appetit dämpfen. Auch unruhige Muster sind hier fehl am Platz, denn die Bewohner sollen sich beim Essen ja wohl fühlen.
- Das Bad sollte in neutralen Farben gehalten werden, also in Weiß, Schwarz oder Grau. Dazu kommen bunte Farbakzente in Form von Handtüchern, Kacheln und sonstigen Utensilien. Senkrechte Streifen verstärken die reinigende Wirkung, da sie den Abfluss abgestandener und den Zufluss neuer Energien von oben nach unten anregen.

Verständnis entwickeln

Wenn Sie ein Problem lösen wollen, versuchen Sie es einmal mit Hilfe von Farben. Gehen Sie folgendermaßen vor:

- Formulieren Sie das Problem.
- Ordnen Sie es einem Lebensbereich zu.
- Sehen Sie in der Tabelle auf Seite 64 nach, welche Farbe in diesem Lebensbereich heilend wirkt.
- Überlegen Sie, in welchem Zimmer Sie den betreffenden Lebensbereich verstärken wollen. (Er kommt ja in jedem Zimmer vor.) Wo lässt sich die Änderung am leichtesten durchführen, ohne zu stören? Ein rosafarbenes Kissen vor dem Badezimmerspiegel könnte z. B. manche Bewohner irritieren, im Wohnzimmer aber durchaus am Platz sein. Dabei muss es sich nicht um große Farbflächen handeln; ein andersfarbiger Bilder-

rahmen oder Lampenschirm oder eine Schale in der gewünschten Farbe genügen in den meisten Fällen.

▶ Wählen Sie den richtigen Farbton aus. Es gibt viele verschiedene Grüns oder Pinks. Gehen Sie in ein Stoffgeschäft, oder lassen Sie sich im Farbengeschäft Farbmuster geben, und betrachten Sie die verschiedenen Farbvarianten. Welche sagt Ihnen besonders zu? Mit welcher fühlen Sie sich nicht so wohl? Wählen Sie zur Verbesserung Ihrer Wohnatmosphäre denjenigen Farbton, den Sie gefühlsmäßig bejahen, und mit dem Sie sich wohl fühlen können. Versuchen Sie zu spüren, was diese Farbe in Ihnen verändert.

Mit Stoffen, Bändern, Pflanzen oder einem Topf, Farbe und einem Pinsel lassen sich schnell und problemlos farbige Akzente setzen.

Ihre Checkliste

Betrachten Sie jeden Raum Ihrer Wohnung gesondert, und notieren Sie, welche Grundfarbe, welche Akzentfarbe und welches Muster in diesem Raum vorherrscht. Was gefällt Ihnen, was nicht? Lesen Sie das letzte Kapitel noch einmal, und überlegen Sie, was Sie in Ihrer Wohnung ändern möchten.

RAUM	GRUNDFARBE	AKZENTFARBE	MUSTER	ÄNDERUNG?
● Wohnzimmer				
● Schlafzimmer				
● Kinderzimmer				
● Küche				
● Bad				
● Arbeitszimmer				
● Gästezimmer				
● Esszimmer				
● Eingangsbereich				
● Flur				

誠心敬

Einzug in die neue Wohnung

Planen Sie Ihren Umzug! Zeichnen Sie einen einfachen Grundriss mit der benötigten Anzahl an Räumen. Überlegen Sie, wohin Sie Ihre Möbel in der neuen Wohnung stellen wollen. In welchen Farben würden Sie die verschiedenen Wände streichen oder tapezieren? Holen Sie sich Anregungen über die Lage der Räume, die Position der Möbel und die Farben aus diesem Buch.
Welche Farben sollen z. B. die Gardinen haben? Sollen sie gemustert sein? In welchen Farben würden Sie Fensterrahmen und Türen streichen? Falls zusätzliche Möbelstücke notwendig sind, wie sollen sie aussehen?

Belasten Sie sich aus praktischen Überlegungen heraus nicht mit Gebrauchtmöbeln, die Ihnen eigentlich nicht zusagen. Auch vom Vormieter übernommene Teppichböden sollten Sie nur nach intensivster Reinigung benutzen.

Die Reinigungszeremonie

Vor dem Einzug in das neue Heim kann eine Reinigungszeremonie übrig gebliebenes Chi von früheren Bewohnern austreiben. Wenn jemand in dieser Wohnung krank gewesen oder gestorben ist, wenn die Bewohner sich gestritten haben oder vom Unglück verfolgt waren, so können sich die Schwingungen dieser Ereignisse in den Wänden festgesetzt haben. Dabei braucht es sich gar nicht um Ihre unmittelbaren Vorgänger zu handeln – auch weiter zurückliegende Energiestürme bleiben in einer Wohnung haften. Putzen Sie vor der Säuberungszeremonie die Wohnung, denn Schmutz jeder Art hält die Energien fest.
Für die Zeremonie brauchen Sie: ein neues oder frisch gewaschenes Tischtuch, Blumen, Kerzen, eine Unter-

tasse mit Salz, Räucherstäbchen, eine Glocke und eine Schale mit sauberem Wasser. Karen Kingston, eine anerkannte Chi-Beraterin, schlägt vor, jede Kerze auf einen Untersetzer für sich zu stellen und mit Blütenblättern zu umgeben. Überlegen Sie sich am Tag vorher, was Sie sich am meisten für das neue Heim wünschen, und schreiben Sie es auf. Machen Sie daraus einen Einweihungsspruch, z. B. »Friede und Gesundheit sollen in dieser Wohnung herrschen«.

Akzeptieren Sie das Chi als Teil Ihres Lebens und als lebendigen Teil Ihres Zuhauses. Geben Sie ihm Unterstützung, dann wird es auch Ihnen helfen.

Vorbereitung und Techniken

Legen Sie nun das Tischtuch auf einen Tisch oder Hocker, und stellen Sie diesen an einen zentralen Platz in der Wohnung, von dem aus möglichst alle Räume einzusehen sind. Ordnen Sie die übrigen Gegenstände auf dem Tischtuch kreisförmig an. Verteilen Sie die Teller mit den Kerzen und Blütenblättern auf alle Zimmer. Richten Sie alles festlich her, und zünden Sie die Kerzen und Räucherstäbchen an.

Glocke, Kerze und Räucherstäbchen sind neben Salz und Wasser wichtige Reinigungsutensilien.

Reinigung durch Händeklatschen

Beginnen Sie innen beim Wohnungseingang: Gehen Sie an der Wand entlang, und klatschen Sie dabei in die Hände. Klatschen Sie über Ihrem Kopf und zu Ihren Füßen, besonders aber in den Ecken. Sagen Sie dabei immer wieder den Einweihungsspruch auf.

Gehen Sie weiter an den Wänden entlang, auch durch die Mitte des Zimmers und über die Schwelle zum nächsten Zimmer. Gehen Sie dort und in allen weiteren Räumen genauso an den Wänden entlang, und klatschen Sie in die Ecken und unter die Möbel, bis Sie wieder beim Wohnungseingang angekommen sind.

Spülen Sie nach diesem ersten Durchgang der Reinigungszeremonie Ihre Hände unter fließendem Wasser gründlich ab.

Der helle Klang der Glocken wirkt reinigend. Diese Wirkung lässt sich mit dem sanften Klingen des Windspiels dauerhaft in Ihrer Wohnung aufrecht erhalten.

Reinigung mit Glocken

Nehmen Sie – oder ein anderes Familienmitglied – dann die bereitgestellte Glocke, und läuten Sie damit in jede Ecke der Wohnung. Der Klang wirkt ebenfalls reinigend. Gehen Sie dabei denselben Weg wie vorher beim Händeklatschen. Läuten Sie ebenfalls in die Ecken hinein und unter die Möbel. Arbeiten Sie auch diesmal konzentriert, und sprechen Sie dabei fortlaufend Ihren Segenswunsch.

Versiegelung

Versiegeln Sie nun die gereinigten Teile Ihrer Wohnung. Stellen Sie sich aufrecht an die Zimmerecke links von der Eingangstür, und heben Sie Ihren rechten Arm senkrecht hoch, so dass er an die Zimmerdecke zeigt. Senken Sie ihn nun zügig parallel zur Wand, bis er zum Fußboden zeigt. Die so »bestrichene« Wand ist damit versiegelt. Tun Sie dasselbe mit allen Wänden Ihrer Wohnung.

Versiegeln der Wände durch halbkreisfömige Armbewegungen.

Die vier Elemente und Chi

Sie können die Reinigungszeremonie durch die folgende Erneuerungszeremonie ergänzen, mit der Sie sich den Schutz der Elemente für Ihre Wohnung sichern. Die vier Elemente sind Erde (vertreten durch Steinsalz), Feuer, Wasser und Luft (vertreten durch den Rauch von Räucherstäbchen).

Element Erde

Streuen Sie – oder ein anderes Familienmitglied – bei einem weiteren Rundgang durch die Wohnung eine Prise Salz vor sich auf den Boden und in jede Ecke. Das Salz repräsentiert das Element Erde, da es ja, wenn es sich um Steinsalz handelt, aus der Erde kommt. Machen Sie nach Ihrem Rundgang ein paar Minuten Pause, damit das Chi sich wieder setzen kann.

Salz, Kerzen, Wasser und Rächerstäbchen sind die Grundhilfsmittel, mit denen Sie Ihre Wohnung reinigen können.

Element Feuer

Gehen Sie mit einer der Kerzen durch die Wohnung, und leuchten Sie in jede Ecke. Bringen Sie damit das Element Feuer an alle Punkte Ihrer Wohnung. Vergessen Sie nicht, Ihre Einweihungsworte dabei zu sprechen. Empfehlen Sie jeden Raum dem Schutz dieses Elements.

Element Luft

Nehmen Sie nach einer Pause wieder denselben Weg, und räuchern Sie überall mit dem Räucherstäbchen, damit das Element Luft sich in Ihrer Wohnung wohl fühlt. Räucherstäbchen gibt es beispielsweise in Esoterikläden zu kaufen. Sie können geflochtene Kräuterzöpfe wählen, Duftkegel, Stäbchen oder Räucherharz, das man auf ein Stück glühende Holzkohle legen muss. Am saubersten sind diejenigen Produkte, deren Aufschrift klar erkennen lässt, was sie enthalten, also z. B. »Jasmin«, »Weihrauch« oder »Wacholder«. Bei Phantasienamen wie »Winterreise« oder »Kaminfeuer« sollten Sie erst ausprobieren, ob der Duft Ihnen zusagt und in Ihre Wohnung passt. Für westliche Nasen weniger verträglich sind Räucherstäbchen und -kegel aus indischen Läden, da sie sehr stark parfümiert sind.

Element Wasser

Machen Sie nach einer weiteren Pause Ihren letzten Rundgang, und sprengen Sie Wasser aus der bereitgestellten Schale in alle Ecken und natürlich auch in die Mitte der Räume. Am besten eignet sich dazu frisches Quellwasser. Sonst nehmen Sie Wasser aus der Leitung, das Sie zuvor einige Zeit haben laufen lassen, auch das enthält verhältnismäßig viel Chi.

Wenn Sie dem Wasser Bach-Blüten zufügen wollen, kaufen Sie sich eine kleine Flasche mit der betreffenden Lösung in der Apotheke. Nehmen Sie aber keine so genannte Stock Bottle (Vorratsflasche), die die konzentrierte Blütenessenz enthält, sondern eine fertig gemischte Lösung. Von der geben Sie dann vier Tropfen in Ihr Wasser. Nehmen Sie für die Wasseraufbereitung immer frisches Wasser. Von abgestandenem Wasser ist in jedem Fall abzuraten, da es das Chi trübt.

Wählen Sie bei den Bach-Blüten eine positive und friedvolle Essenz, die Sie auch in Ihrer Wohnung vorfinden wollen.

Lebenselixir Wasser: Wie die anderen Elemente Erde, Luft und Feuer durchdringt es unseren gesamten Lebensraum.

Eine rituelle Reinigung, wie sie hier beschrieben wurde, soll in ernster Absicht vorgenommen werden, darf aber auch Freude machen. Sie können die reinigenden Worte z.B. auch singen. Vielleicht veranstalten Sie anschließend ein Picknick auf dem Fußboden oder geben durch ein kleines Fest Ihrer Freude Ausdruck. Die Kerzen und Räucherstäbchen sollen möglichst angezündet bleiben, bis sie heruntergebrannt sind.

Sich etwas »zu Eigen« machen heißt nicht unbedingt, dass man etwas kauft oder mietet, sondern dass man sich mit etwas auseinandersetzt, sich hineindenkt.

Das Ergebnis der Reinigung

Unmittelbar nach der Zeremonie werden Sie feststellen, dass Ihre Wohnung heller und klarer wirkt und eine positive Atmosphäre ausstrahlt. Warten Sie jedoch einige Stunden ab, erst dann wird dieser Effekt spürbar. Schließlich haben Sie allerlei Chi aufgewirbelt und in Bewegung gebracht. Nun braucht es Zeit, bis es sich wieder gesetzt und zu einer neuen Harmonie gefunden hat. Übereinstimmend wird berichtet, dass Wohnungen nach der Reinigung lebendiger, wärmer und freundlicher wirken, so wie ein lebendiges Wesen, zu dem man jetzt Kontakt gefunden hat und das sich einem zuwendet, während vorher die Wände und Möbel als bloße Objekte starr in der Gegend herumstanden. Man spürt jetzt das, was man sich von einer Wohnung eigentlich wünscht: Geborgenheit und Entspannung.

Weitere Möglichkeiten

Die Reinigungszeremonie kann auch in einer bereits benutzten Wohnung durchgeführt werden, z.B. jedes halbe Jahr nach dem Hausputz oder vor Feiertagen. Sie empfiehlt sich auch dann besonders, wenn jemand in der Wohnung krank gewesen oder gestorben ist oder wenn unangenehme Gäste zu Besuch waren. Als wahrer Segen erweist sich diese Technik, wenn Sie viel reisen müssen. Dann wissen Sie, dass der Aufenthalt in einem Hotelzimmer Schlaflosigkeit verursachen und sehr unangenehm sein kann. Mit Feng Shui haben Sie ein Mittel in der Hand, alle dort aufgestauten Schwingungen früherer Gäste aufzulösen und sich einen angenehmen Aufenthalt zu sichern. Das Gleiche gilt, wenn Sie mit Menschen arbeiten. Reinigen Sie den Raum, bevor Sie einen Workshop abhalten oder nachdem Sie einen Patienten behandelt oder beraten haben, und Sie werden viel leichter arbeiten können.

Selbstverständlich können Sie auch in Ihrem Büro, bei Freunden, in Ihrem Auto oder in öffentlichen Gebäuden ähnlich verfahren. Chi ist überall und kann überall beeinflusst werden.

Vorsichtsmaßregeln

Stellen Sie während der Reinigungszeremonie alle Lebensmittel in einen Schrank, da sich sonst unwillkommenes Chi in ihnen festsetzen könnte. Manche Menschen fühlen sich während der Zeremonie wohler, wenn das Fenster oder die Haustür geöffnet ist, damit angestautes Chi eine Möglichkeit hat zu entweichen. Ganz wichtig ist, dass Sie sich nach dem Klatschen im ersten Durchgang die Hände abspülen.

Sie sollten sich auch gut überlegen, ob Sie bei Ihrer Reinigungszeremonie Gäste einladen. Auf der einen Seite kann ein Fest, das Sie mit Menschen Ihrer Wahl feiern, besonders gelungen sein. Und die Menschen, mit denen Sie zusammenleben, sollten eigentlich an der Reinigung teilnehmen.

Gleichzeitig sollten Sie aber in Erwägung ziehen, dass nicht alle Menschen Ihre Ansichten über Feng Shui teilen und mit ihren negativen oder ironischen Gedanken Ihre Zeremonie stören könnten.

Auf diese Freunde sollten Sie – wenigstens beim Reinigungsritual – verzichten, denn wozu die schlechten Schwingungen austreiben, wenn sich gleich darauf neue ungute Schwingungen in Ihrer Wohnung einnisten?

Garten, Veranda und Balkon

Der eigene Garten – oder der eigene Balkon – ist eine Quelle der Gesundheit und der Lebensfreude. Er kann genauso wie die Wohnung nach den Grundsätzen des Feng Shui gestaltet werden. Im Grund ist der Garten auch ein Wohnraum, nur eben etwas offener. Und die Decke – der Himmel – ist etwas höher als im Haus.

Wintergärten und Veranden sind zwar noch Teile der Wohnung, doch findet durch die großen Glasflächen ein stärkerer Austausch von Chi statt. Beim offenen Balkon ist dies in noch höherem Maß der Fall. Achten Sie also auf Wind und Wetter, Sonne und Wolken, und informieren Sie sich darüber, welche Pflanzen Wind oder Sonne vertragen können und welche nicht.

Richten Sie Ihr besonderes Augenmerk auf kränkelnde Pflanzen; spüren Sie zu ihnen hin, und fragen Sie sie, was ihnen fehlt. Aus der Forschung wissen wir inzwischen, dass Pflanzen fühlen und auf Geschehnisse in ihrer Umwelt reagieren. Wenn eine Pflanze sich nicht erholt, muss man sie entfernen, denn sterbende oder abgestorbene Pflanzen verbreiten ungünstiges Chi.

Den Garten kann man sich nicht immer aussuchen. Meist muss man schon froh sein, wenn man überhaupt in den Genuss eines eigenen Stückchens Grün kommt. Trotzdem können Sie oft schon mit relativ geringem Aufwand einen energetisch günstigen Garten anlegen.

Gestaltungsprinzipien für den Garten

Zu den Gestaltungsmöglichkeiten im Garten gehören zunächst einmal die Dinge, deren sich die Natur selbst bedient: Steine, Bäume, Anhöhen und Vertiefungen, Wasser, Sand oder Lehm und alle möglichen Pflanzen. Oberster Grundsatz dabei ist, dass eine gewisse Ausgewogenheit geschaffen werden soll, eine Balance, in der die Seele sich entspannen, aber auch betätigen kann. Das Chi fließt hier stärker als im Haus, weil es nicht durch Mauern, Türen und Dach eingegrenzt wird. Deswegen muss der Garten nicht formlos sein – es liegt an uns, ihm eine Struktur zu geben.

Prinzipien des Feng Shui

Fragen der Gartengestaltung sollten Sie ruhig auch mit Ihrem Nachbarn besprechen. Häufig kann man zusammen einen größeren und schöneren Garten gestalten als jeder für sich allein!

Stellen Sie sich in die Mitte des Gartens, den Blick zum Eingang gerichtet. Auch hier ist es genau wie beim Haus am günstigsten, wenn Sie einen Berg im Rücken und einen sich windenden Fluss vor sich haben. Der Berg lässt sich mit einer Erdanhäufung andeutungsweise schaffen, oder er kann durch eine Baumreihe oder Hecke vertreten werden, die eine ähnlich schützende Wirkung hat. Die Rolle des Bachs kann auch ein Weg einnehmen. Das Zentrum des Gartens, das Tai-Chi-Feld, sollte möglichst frei bleiben.

Weitere erwünschte Strukturelemente sind:

- Abgrenzungen. Eine Hecke, ein Zaun oder auch eine Mauer machen den Garten energetisch zu unserem Privatbereich.
- Wege. Ein Weg gibt uns Orientierung und führt uns durch die Vielfalt des Gartens. Auf leicht gewundenen Wegen fließt das Chi langsam und verteilt sich im Garten; schnurgerade Wege würden es zu schnell davoneilen lassen, und bei nicht vorhandenen Wegen würde es in irgendeiner Ecke stagnieren.
- Übersichtlichkeit. Manche Menschen befällt Unsicherheit, wenn sie nur ein paar Schritte voraus sehen können. Schaffen Sie darum immer wieder Ausblicke nach den Seiten und nach vorn. Strukturieren Sie die Fläche zur besseren Orientierung durch Rabatten, Mäuerchen, Steine und Wege.

▶ Vielseitigkeit. Lassen Sie die Gänseblümchen auf dem Rasen stehen, und auch den Hahnenfuß und die Schafgarbe. Unterschiedliche Höhen, Farben und Formen der Pflanzen regen das Auge an, wobei auch freie Flächen dazwischen nicht fehlen sollten, um den Blick wieder zur Ruhe kommen zu lassen. Beete sollten verschiedene Größen haben und abwechselnd rund, rechteckig oder auch dreieckig sein. Auch Bäume können unterschiedliche Formen haben: Fichten laufen z. B. nach oben spitz zu, Apfelbäume sind eher kugelförmig, und Trauerweiden neigen sich nach unten.

Ein ansteigender Steingarten – möglichst hinten im Garten oder vom Eingang her gesehen rechts – belebt und ordnet die Vielfalt, und eine Wasserstelle setzt einen weiteren Akzent. Wasser wirkt vor dem Haus günstig. Licht und Schatten sollten ebenfalls miteinander abwechseln. Stellen Sie an geeigneten Punkten im Garten große Tonvasen, Steine oder Figuren auf, die für Sie eine positive Bedeutung haben.

In den Bereichen des Gartens sollte immer eine harmonische Ausgewogenheit herrschen. So helfen Pflanzen mit unterschiedlicher Blütezeit, den Garten das ganze Jahr über interessant zu gestalten.

Harmonie statt strenger Ordnung: Gartenbaukunst und Feng Shui gehören im Fernen Osten seit langem zusammen.

▶ Geborgenheit. Gestalten Sie den Eingang zum inneren Teil des Gartens besonders einladend, z. B. mit einem Rosenbogen, mit einer Stufe, mit Steinen oder mit Büschen links und rechts. Dort sollte es auch einen Platz geben, wo Bewohner und Besucher sich niederlassen und zu Hause fühlen können. Lassen Sie dort keine Schwertlilien oder andere Pflanzen mit spitzen Blättern wachsen, weil diese schneidendes Chi aussenden. Wählen Sie Pflanzen mit runden oder ovalen Blattformen. Rankende Pflanzen wie Wilder Wein oder Jelängerjelieber (Geißblatt) können dazu dienen, scharfe Ecken und Kanten – z. B. an einer Mauer oder an einem Gartenhäuschen – zu entschärfen.

Fleißige Gärtner können im Garten stärker noch als auf dem Balkon ihrer Kreativität vor allem im farblichen Bereich freien Lauf lassen. Hierbei sollte man sich aber genau überlegen, welche Blumen sich farblich aufeinander abstimmen lassen.

Das Zentrum des Gartens

Jeder Garten sollte einen Mittelpunkt haben, der zum Verweilen einlädt. Das kann in jeder Jahreszeit ein anderer Ort sein: im Frühjahr vielleicht ein Wiesenstück mit Krokussen, im Sommer eine Bank im Schatten eines

Ihre Checkliste

- Wie ist Ihr Garten abgegrenzt?
- Haben Sie einen sicheren Berg im Rücken? Können Sie einen solchen schaffen (Mauer, Bäume)?
- Gibt es Wasser in Ihrem Garten? An welcher Stelle?
- Wodurch haben Sie Vielfalt geschaffen, oder können Sie die Vielfalt erhöhen?
- Wodurch erzeugt Ihr Garten/Balkon ein Gefühl von Geborgenheit? Können Sie es verstärken?
- Haben Sie Schwerpunkte in Ihrem Garten? Wodurch zeichnen sie sich aus?
- Wo gibt es spitze Ecken, die schneidendes Chi in Ihren Garten leiten? Wie können Sie sie entschärfen?

Apfelbaums und im Winter die Stelle, wo das Schmelzwasser in einen kleinen Teich plätschert. Ein Teich bringt in jedem Fall Chi hervor, besonders wenn das Wasser in Bewegung ist. Zu diesem Zweck können Sie einen Springbrunnen anlegen.

In vielen alten Gärten findet man im Mittelpunkt ein rundes Beet mit einer Säule oder Statue in der Mitte. Etwas weniger feierlich ist ein großer Stein, eine Tonschale oder eine Rosenkugel (das sind jene überdimensionalen bunten »Weihnachtskugeln«, die man auf Stöcken in die Erde steckt). Halten Sie den Garten frei von herumliegenden Ästen und abgestorbenen Pflanzen, weil diese das Chi schwächen.

Übertreiben Sie den gestalterischen Aufwand nicht! Ein Garten muss zu Ihnen und Ihrem Haus passen. Vor einem bescheidenen Reihenhaus wirkt die Imitation eines Schlossgartens ein wenig lächerlich.

Das Bagua und der Garten

Zeichnen Sie einen Grundriss Ihres Gartens, und legen Sie das Bagua darüber, genauso, wie Sie es bei Ihrem Wohnungsgrundriss gemacht haben. Falls Sie keinen Garten haben, fühlen Sie sich vielleicht angeregt, in der Phantasie einen zu entwerfen. Aber auch in einem Vorgarten oder auf dem Balkon, ja selbst in einem Blumenkasten lässt sich vieles verwirklichen.

Der Eingang soll auf der Grundlinie in den Bereichen Karriere, Helfer oder Wissen liegen. Wenn Sie wollen, können Sie Ihren Garten in Form eines Bagua anlegen und die für jedes Gebiet besonders hilfreichen Pflanzen dort anbauen. In jedem Fall gehören in den Bereich Kinder der Spielplatz mit Schaukel, Sandkasten usw. (falls Sie Kinder haben), in den Bereich Partnerschaft eine Bank oder zwei bequeme Liegestühle und in den Bereich Helfer ein Beet mit Heilkräutern. Es ist einfacher, wenn Sie sich zunächst mit Ihrer Planung auf ein

Der Garten soll Ihnen Ruhe und Anregung zugleich bieten. Wichtig ist daher ein stimmungsvoller Anblick und genügend Platz, um zu verweilen.

oder zwei Bereiche konzentrieren, die Ihnen wichtig sind. Im Karrieregebiet könnten Sie z. B. Klee ansiedeln oder auch eine Eiche, die Ihnen Kraft und Unbesiegbarkeit verleihen soll. Immergrüne Pflanzen in der Reichtumszone bedeuten immerwährenden Wohlstand, während Büsche, die im Winter kahl sind, das Versiegen des Geldstroms andeuten. Im Gebiet Wissen können Ihnen Geranien eine Fülle neuer Ideen vermitteln. Gartenpflanzen haben für Chinesen oft eine ganz andere Bedeutung als für uns, und auch in unseren Breiten gibt es individuelle Unterschiede. Wählen Sie die Pflanzen für eine bestimmte Zone also nach Ihren eigenen Vorlieben aus, sie sollen ja für Sie eine Bedeutung haben. Lesen Sie auch im Kapitel über Farben nach, welche Farbtöne welche spezifischen Wirkungen haben.

Symbolpflanzen

Hier eine Auswahl von Pflanzen, die für viele Menschen eine symbolische Bedeutung haben und in dem entsprechenden Bagua-Bereich zusätzlich auf das Chi einwirken können. Selbstverständlich können Sie auch ander Pflanzen benutzen, wenn diese für Sie oder Ihre Familie eine besondere Bedeutung haben.

● Bauernrosen (Pfingstrosen)	Reichtum
● Birke	Anmut
● Buche	Stärke
● Chrysantheme	Vergänglichkeit
● Edelweiß	Mut und Kühnheit
● Efeu	Üppigkeit
● Eiche	Unbesiegbarkeit
● Fichte	Genügsamkeit
● Gänseblümchen	Einfachheit
● Geranie	Fülle
● Heidekraut	Zähigkeit
● Immergrün	Beständigkeit
● Klee	Glück
● Krokus	Ein neuer Frühling
● Lavendel	Gelassenheit
● Lilie	Stolz
● Magnolie	Schönheit
● Mimose	Empfindlichkeit
● Rose	Liebe
● Sonnenblume	Wärme
● Veilchen	Bescheidenheit
● Vergissmeinnicht	Treue
● Weide	Biegsamkeit

Wer sich eine Pflanze kauft, übernimmt Verantwortung für ein Lebewesen. Pflanzen wollen gepflegt und beachtet werden. Die symbolische Bedeutung eines vertrockneten Vergissmeinnichts ist eher deprimierend.

Geomantie und Intuition

Auch in Europa gibt es seit je Menschen, die sich mit den unsichtbaren Eigenschaften bestimmter Orte beschäftigen. In vor- und frühgeschichtlicher Zeit waren es die Priester oder Druiden, die besondere Kenntnisse darüber hatten. Heute können Rutengänger Menschen sein, die überlieferte Kenntnisse weitertragen und eine besondere Sensibilität für die Kräfte der Natur haben.

Der Rutengänger

Vielleicht haben Sie schon einmal gesehen, wie ein Rutengänger mit der Wünschelrute – einem gegabelten Zweig – in der Hand über ein Feld schreitet und nach der geeigneten Stelle für einen Brunnen sucht. An einer bestimmten Stelle des Felds schlägt plötzlich die Rute aus, und das ist ein Zeichen dafür, dass sich unter der Erdoberfläche Wasser befindet.

Feng Shui hat nicht nur für Fragen des Wohnens Bedeutung, sondern steht im Zusammenhang mit vielen Lehrgebäuden, von der Geomantie bis zur Soziologie, von der Astrologie bis zur Geologie.

Wasseradern und Magnetfelder

Heute werden Wünschelruten auch aus Stahl gefertigt, und es gibt sie in Esoterikläden zu kaufen. Rutengänger können mit ihrer Wünschelrute innerhalb einer Wohnung feststellen, wo eine unterirdische Wasserader verläuft. Da solche Adern das Körperenergiefeld des Menschen stark beeinflussen, sollte man sein Bett möglichst nicht über eine Wasserader stellen. Es gibt viele Fallbeispiele, wonach unerklärliche Krankheiten und Beschwerden nach Versetzen des Betts verschwanden.

Das Rutengehen wird auch mit dem Fremdwort »Radiästhesie« bezeichnet. Diese Kunst wird nicht nur mit der Wünschelrute, sondern auch mit dem Pendel ausgeübt, das im Prinzip ähnlich wirkt. Mit beiden Geräten kann man schädliche Erdstrahlen, unterirdische Höhlen oder Hausreste aufspüren.

Vermeiden Sie negative Energiefelder in der unmittelbaren Umgebung wie beispielsweise Strommasten.

Kraftlinien

Nicht nur Wasseradern durchziehen unsere Erde, sondern auch andere Kraftlinien, die elektromagnetischer Natur sind. Sie umspannen die Erde wie ein Gitternetz. Man nennt sie mit einem englischen Ausdruck auch Ley Lines. Wo Ley Lines sich kreuzen, entstehen besondere Kraftorte. Unsere Vorfahren hatten ein Gespür für solche Energiezentren und kennzeichneten sie auf besondere Weise – denken Sie in diesem Zusammenhang an die Externsteine im Teutoburger Wald oder an Steinsetzungen wie Stonehenge oder Avebury in England.

Die Kraftlinien sind inzwischen auch wissenschaftlich untersucht und beschrieben worden. So kennt man das Hartmann-System, ein Gitternetz von Energieströmungen, das würfelförmig aufgebaut ist, wobei die Entfernung zwischen den Kreuzungspunkten in der Vertikalen ca. 2,0 Meter und in der Horizontalen ca. 2,5 Meter beträgt. Wenn man auf einer solchen Energielinie sein Bett stehen hat, kann das ähnlich schädliche Folgen haben wie bei einer Wasserader. Es gibt auch noch ein anderes System, wo die Kreuzungspunkte 170 Meter voneinander entfernt sind, sowie ein 10-Meter-System und ein 250-Meter-System.

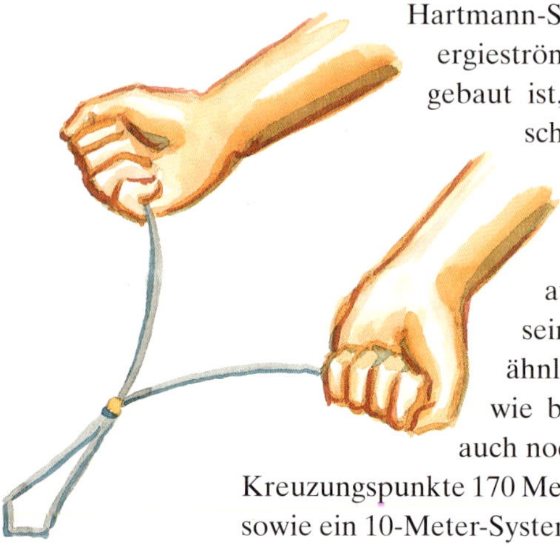

So wird die Wünschelrute gehalten.

Die Radiästhesisten haben eine ganz besonders feine Antenne für unterschiedliche Energieschwingungen. Mit etwas Übung kann sich jedoch fast jeder Mensch dafür sensibilisieren.

Mit dem Pendel arbeiten

Auch wenn Sie bisher noch nie mit einem Pendel gearbeitet haben – versuchen Sie es ruhig einmal. Sie können jeden symmetrischen Gegenstand, der sich aufhängen lässt, als Pendel benutzen. Sie müssen sich für diesen Versuch nicht eigens ein Pendel kaufen. Die einzige Bedingung ist, dass der benutzte Gegenstand auf allen Seiten gleichmäßig geformt ist, wie z.B. eine Schraubenmutter, eine Perle, ein Knopf, ein Ehering. Gegenstände wie Schlüssel sind ungeeignet, weil die größere Masse und damit das größere Gewicht auf der einen Seite das Pendel in eine bestimmte Richtung ablenken würde. Hängen Sie den Gegenstand an einem etwa 60 Zentimeter langen Faden auf, so dass er in der Mitte ca. 30 Zentimeter herabhängt. Verknoten Sie die Enden des Fadens, und fassen Sie den Knoten so zwischen Daumen und Zeigefinger, dass das Pendel senkrecht herabhängt. Hängen Sie den Faden auf keinen Fall über einen Finger!

Das Pendel wird immer zwischen Daumen und Zeigefinger gehalten.

Wasseradern aufspüren

Stellen Sie sich nun mit dem Pendel an einen beliebigen Platz in Ihrem Zimmer, und bringen Sie es zur Ruhe. Entspannen Sie sich. Fragen Sie: »Ist unter dieser Stelle eine Wasserader?«

Bleibt das Pendel still, so lautet die Antwort »nein«, beginnt es jedoch zu schwingen oder zu kreisen, heißt die Antwort »ja«.

Prüfen Sie auf diese Weise Ihre ganze Wohnung. Falls Ihr Pendel überhaupt nicht reagiert, kann es sein, dass Sie das Pendel ungewollt blockieren. Bitten Sie in diesem Fall einen Freund, den Durchgang für Sie zu wiederholen, und kontrollieren Sie, ob er zu den gleichen Ergebnissen kommt.

Die richtige Handhabung des Pendels ist relativ leicht erlernbar. Aber genau darin liegt auch eine Gefahr: Für die Voraussage der Zukunft oder als Entscheidungshilfe bei Schwierigkeiten ist das Pendel ungeeignet.

Auf die gleiche Weise können Sie auch Kraftlinien aufspüren und dafür sorgen, dass Ihr Bett nicht gerade über einer Wasserader oder einer Kraftlinie steht, denn das bringt auf die Dauer gesundheitliche Schwierigkeiten mit sich.

Wenn Ihr Versuch nicht gleich beim ersten Mal gelingt, kann es daran liegen, dass Sie zu aufgeregt oder zu misstrauisch waren.

Intuition

Intuition ist wie die Arbeit mit dem Pendel eine Art der Informationsgewinnung, die (zunächst) nicht über unsere Wahrnehmung und unsere fünf Sinne läuft.

Normalerweise arbeiten wir mit bewusst erlerntem, vielleicht sogar auswendig gelerntem Wissen oder mit einem Wissen, das sich durch ein Erlebnis unserem Bewusstsein eingeprägt hat und daher in unserem Gedächtnis gespeichert ist. Wollen wir uns an etwas erinnern, so können wir derart Gelerntes in unserem Gedächtnisspeicher abfragen, und das Gehirn liefert uns dann die gewünschten Daten.

Intuition ist für den westlichen, analytisch denkenden Menschen eine neue und schwierige Herausforderung. Intuition ist nicht gleichzusetzen mit emotionaler Intelligenz, wenngleich beide miteinander verwandt sind.

Feng Shui und Intuition

Alle Übungen in diesem Buch haben das Ziel, Ihnen ein Gefühl für Wohnräume und die Schwingung der darin enthaltenen Gegenstände zu vermitteln, so dass Sie nach einiger Zeit beim Betreten eines Raums selbst spüren können, ob seine Energie blockiert ist, gedämpft ist oder frei fließt. Stellen Sie sich vor, dass ein Haus und dass jeder Raum ein lebendiges Wesen sei, das durch den Mund (die Tür) und die Augen (Fenster) Energien aufnimmt und abgibt.

Intuition ist keine übernatürliche Fähigkeit, die nur wenigen Menschen gegeben ist. Mit ein wenig Schulung kann ein jeder die Kraft seiner verschütteten intuitiven Fähigkeiten wiederentdecken.

Innere Antworten hören

Intuitives Wissen kommt aus den Tiefen des Unterbewusstseins und wird anscheinend ohne jede Einwirkung von außen hervorgerufen. Intuitives Wissen teilt sich uns besonders dann mit, wenn wir entspannt sind, etwa beim Aufwachen, unter der Dusche, beim Spazierengehen o. Ä. Dann kommen uns wie aus dem Nichts neue Ideen, uns »geht ein Licht auf«. Wenn wir also keine verstandesmäßige, sondern eine intuitive Antwort aus dem Unterbewusstsein bekommen wollen, müssen wir unser Gehirn ausschalten und uns ganz für aus der Tiefe aufsteigende Erkenntnisse öffnen.

Ein Name für jeden Raum

Als mir diese Idee zum ersten Mal begegnete, leuchtete sie mir sofort ein. Bisher war die Wohnung eben ein notwendiges Übel gewesen, vier Wände und einige Möbel, die sauber gehalten werden mussten, damit ich darin leben konnte. Das Namengeben würde sie zu persönlichen Partnern machen, zu Wesen, die ich nicht mehr einfach als Objekte behandeln konnte, sondern die ihr eigenes Wesen hatten.

Beim Namengeben ist es wichtig, dass man die Atmosphäre des Raums auf sich wirken lässt. Dabei muss man ein wenig Geduld haben und – gewissermaßen mit leerem Kopf – abwarten können, bis etwas auftaucht. Dieses Etwas ist oft sehr flüchtig und unbestimmt, und es kommt darauf an, dass man ganz wach ist und es im richtigen Moment packt und festhält. Vielleicht möchten auch die Mitbewohner sich darin versuchen?

Den Dingen einen Namen geben heißt auch immer, ihre Wichtigkeit anzuerkennen. Das Namenlose hat nämlich keine Bedeutung, und man kann, weil es keine Benennung hat, noch nicht einmal darüber reden.

Ein Fallbeispiel

F. erzählt: Ich begann mit dem Wohnzimmer, das war mir gefühlsmäßig noch am nächsten. Es hatte irgendwie etwas Romantisches – schließlich war es von meinen Träumen und Gefühlen erfüllt. Manche Namen tauchten auf, z. B. »Traumland«, »Morgenlicht«, auch solche ohne vorgegebene Bedeutung, wie »Lubine« oder »Namoa«, aber alles stimmte nicht ganz, passte für mein Gefühl nicht 100-prozentig zu dem Zimmer.

Schließlich blieb ich bei »Romena« hängen, drehte das Wort hin und her, versuchte Variationen wie »Romana« oder »Romene«, aber »Romena« passte am besten. Ich taufte das Zimmer feierlich auf diesen Namen, indem ich einige Tropfen Wasser versprengte. Fortan konnte ich besser mit diesem Raum umgehen, wusste deutlicher, was dort fehlte oder zu viel war, wann etwas geändert werden musste usw. Ich fühlte mich auch wohler darin, einfach zugehörig.

Mein Arbeitszimmer taufte ich »Adventure«. Der Name passte zum einen deshalb, weil ich von dort aus die Straße sehen konnte, auf der immer Neues ins Blickfeld kam. Zum anderen erlebte ich hier meine geistigen Abenteuer, weil ich hier aus den Büchern, die ich las, Neues erfuhr und dieses Wissen für mich und andere bildhaft darzustellen versuchte.

Wenn nun z. B. die Frage auftaucht, ob ich einen weiteren Schrank aufstellen soll, so wird mir die Antwort unmittelbar klar, wenn ich frage: »Kann Romena einen weiteren Schrank gebrauchen?«

Verständnis entwickeln

Wenn Sie Ihren Räumen Namen geben wollen, nehmen Sie sich genügend Zeit dafür. Es geht nicht darum, sich einen Namen auszudenken, sondern vielmehr sollte man alle Gedanken verbannen, sich öffnen und auf die Schwingung des Raums einlassen. Dann wird man allmählich gewahr, worin sein Wesen besteht. Es geht auch nicht darum, einen besonders witzigen oder bedeutungsvollen Namen zu finden – das einzige Kriterium ist, ob der Name »stimmt«. Die Zimmernamen können Ihre kleinen Geheimnisse sein, die Sie mit niemandem teilen. Es geht ja nicht darum, dass die Namen einen funktionellen Sinn für die Zimmer haben, sondern um die Erfassung ihrer Eigenart.

Die sehr persönliche Beziehung zu Ihrem Zuhause sorgt dafür, dass Sie sich wohl und geborgen fühlen.

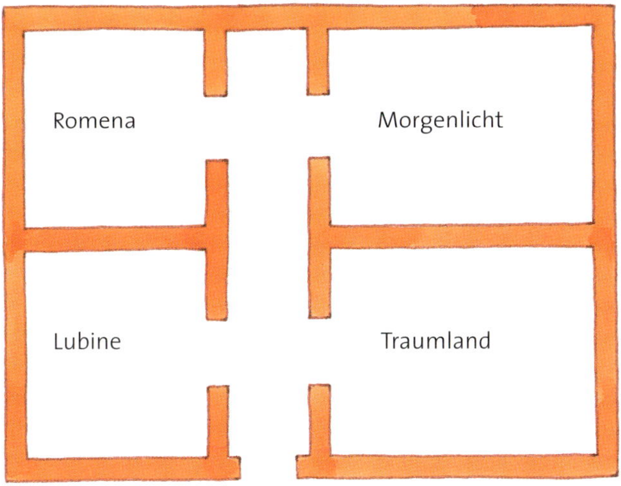

Namen für Ihre Zimmer: Suchen Sie nicht danach, sondern lassen Sie die Eigenarten Ihrer Räume auf sich wirken.

Feng Shui und Astrologie

Buddha, so erzählt die Legende, rief eines Tages die Tiere zu sich, aber es kamen nur zwölf. Er charakterisierte die Jahre mit diesen Tieren und ihren Eigenschaften. Das chinesische Tierkreiszeichen beginnt deshalb nach zwölf Jahren wieder von vorn. Wie die westliche Astrologie, mit der es nur begrenzt verglichen werden kann, so besitzt auch das chinesische Horoskop einen hohen Wert für die Deutung des menschlichen Schicksals. Die folgende Tabelle stellt die chinesischen und die westlichen Tierkreiszeichen in Relation. Die Tierkreiszeichen lassen sich mit den uns vertrauten in folgende Beziehung setzen:

Ratte	*Widder*	Humorvoll, ehrlich, gütig; unbeständig, gierig, kleinlich
Büffel	*Stier*	Hilfsbereit, vertrauensvoll; träge, schwerfällig, langweilig
Tiger	*Zwillinge*	Tatkräftig, agil, kreativ; nervös, ruhelos, uneinheitlich
Hase	*Krebs*	Schnell, einfühlsam, zielstrebig; egozentrisch, oberflächlich
Drache	*Löwe*	Gesund, geheimnisvoll, attraktiv; unbeständig, selbstsüchtig
Schlange	*Jungfrau*	Weiblich, gefühlvoll, treu; mimosenhaft, abwartend, naiv
Pferd	*Waage*	Liebenswürdig, aktiv, ehrlich; taktlos, ungeduldig, zügellos
Ziege	*Skorpion*	Kreativ, intelligent, kaufmännisch; untreu, herzlos, eigenbrötlerisch
Affe	*Schütze*	Beliebt, sozial, witzig; konform, unbeständig
Hahn	*Steinbock*	Selbstsicher, künstlerisch, mutig; arrogant, stolz, pingelig
Hund	*Wassermann*	Treu, ehrlich, zuverlässig; genügsam, defensiv, gehetzt
Schwein	*Fische*	Sensibel, hedonistisch, großzügig; ambitionslos, faul, träge

Die Kenntnis des Tierkreiszeichens kann bei der Gestaltung der Wohnung herangezogen werden, um die eigenen Defizite auszugleichen. Wer z. B. einen astrologisch bedingten Mangel an Geschäftssinn bei sich vermutet, sollte sich über seine Karriereecke Gedanken machen. Besondere Aufmerksamkeit verdienen die astrologischen Prinzipien im Feng Shui auch darum, weil nach dem Gesetz der Affinität Menschen mit Defiziten oft Wohnungen einrichten, die diese Defizite noch verstärken. Da Astrologie die Sinne für die Kraft der Symbole schärft und als Gleichnis von Makro- und Mikrokosmos gelesen werden kann, ist sie ein Ausdruck für die Identitätssuche des Menschen. Die folgende Tabelle zeigt einige Zusammenhänge zwischen Feng Shui, Astrologie und menschlichen Eigenschaften auf.

Mangel an	**Feng-Shui-Aspekt**	**Geschwächtes Prinzip**
Agilität, Energie	Spitze Pflanzen, schneidendes Chi	Mars
Abgrenzung, Eigenraum	Kein eigener Raum, Fremdbestimmung der Wohnung, Lärm	Venus (Stier)
Freiheit und Austausch	Enge Wohnung, Unruhe, Maschinen statt Mobiles	Merkur (Zwillinge)
Gemütlichkeit und Geborgenheit	Kalte Farben, zu wenig Licht, keine Kuschelräume	Mond
Eigendarstellung, Selbstvertrauen	Dunkle oder zu helle Räume, zu wenig Glanz, Freude fehlt	Sonne
Gefühlsäußerung, Selbstkritik, Sauberkeit	Übergewicht des Familien-/Partnerbereichs, Spießigkeit, ungute Bad-, Toilettensituation	Merkur (Jungfrau)
Schönheit und Harmonie	Ästhetik und sinnliche Stimulanz fehlt, falsche Proportionen	Venus (Waage)
Selbstverwirklichung	Nachbarschaft, alte Möbel, Umgebung belastet	Pluto
Gedanken und Wissen	Wissensecke schwach, Wohnung wirkt fremd, zu viel Nippes	Jupiter
Ordnung und Zentriertheit	Enge, Dunkelheit, Karriereecke verstellt, Unordnung	Saturn
Unabhängigkeit	Schräge Decken, Wohnung unfertig, Plastik und Metall, Elektrosmog	Uranus
Phantasie, geistiger Flexibilität	Feuchte und verseuchte Wohnung, Umgebung schlecht	Neptun

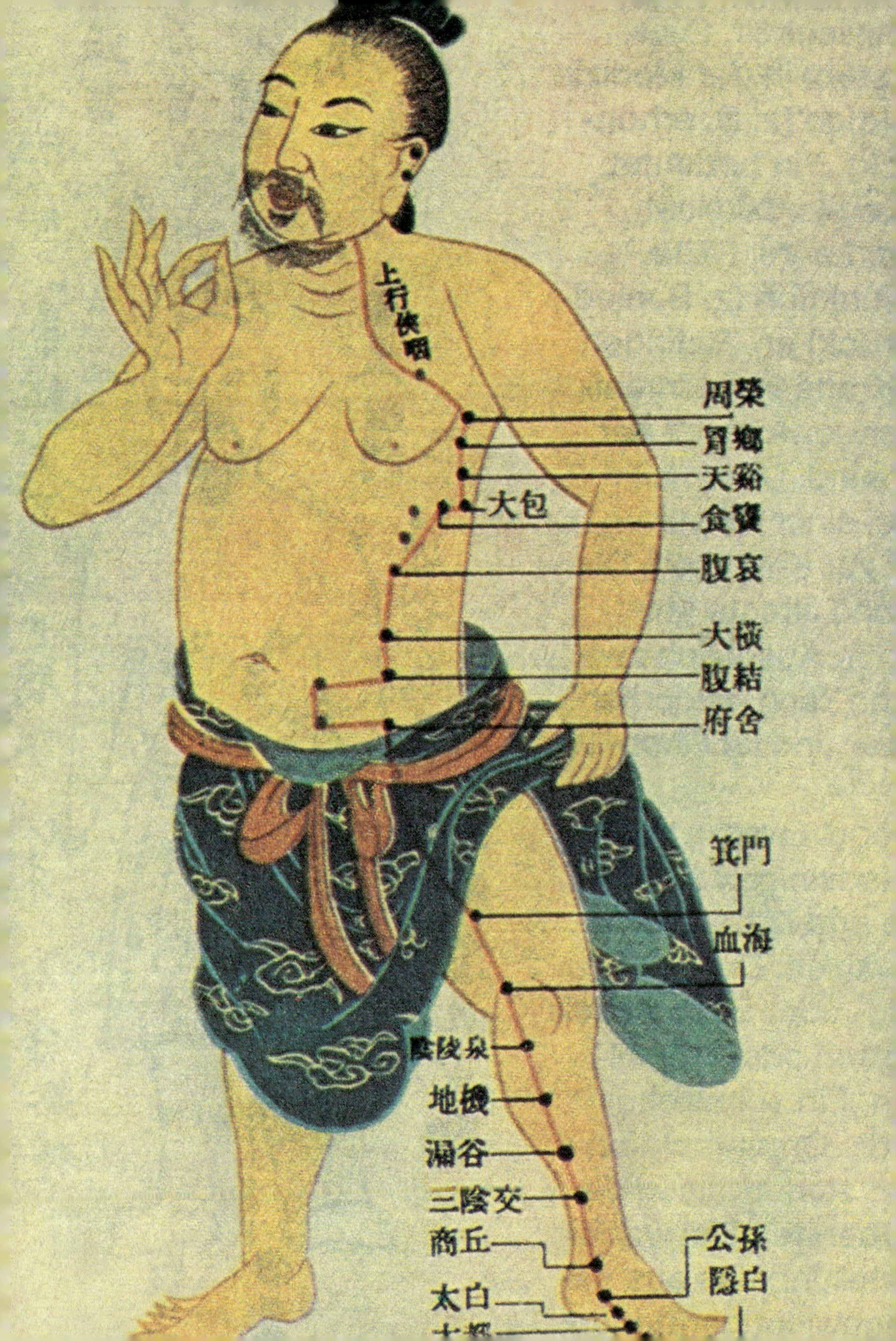
上行俠咽
周榮
胷鄉
天谿
大包
食竇
腹哀
大橫
腹結
府舍
箕門
血海
陰陵泉
地機
漏谷
三陰交
商丘
公孫
隱白
太白

Mit Feng Shui Probleme lösen

Sie haben bis jetzt Schritt für Schritt an den einzelnen Räumen einer Wohnung und ihrer Einrichtung gesehen, wie man sie zugunsten ihrer Bewohner verändern kann. Nun gehen Sie umgekehrt von Ihren Problemen aus und suchen mit Hilfe von Feng Shui eine Lösung dafür.

Allgemeine Maßnahmen

Es gibt eine Reihe von Maßnahmen, die Sie für alle Lebensbereiche anwenden können.

Überprüfen Sie zunächst den betreffenden Bereich in Ihrer Wohnung auf negative Einflüsse, wie sie auf Seite 29ff. beschrieben sind, z. B. auf schneidendes Chi, Mangel an Chi usw.

Aktivieren Sie das Chi in diesem Bereich Ihrer Wohnung durch unterstützende Maßnahmen, z. B. durch Pflanzen oder Licht, vor allem aber durch Folgendes:

- Aufräumen bzw. Ausräumen. Befreien Sie den Ort von Störendem. Schauen Sie genau hin: Was wirkt unharmonisch, was gehört nicht hierher?
- Reinigen Sie den Raum (siehe die Ausführungen über die Reinigungszeremonie Seite 75ff.).
- Setzen Sie sich ein positives Ziel. Formulieren Sie klar, was Sie erreichen wollen.
- Lassen Sie den jetzigen, unerwünschten Zustand ganz bewusst los.

Fragen Sie Ihre Intuition: Was fehlt in diesem Bereich? Entspannen Sie sich, und hören Sie in sich hinein, bis

Feng Shui ist kein Lebenshilfeprogramm. Aber wer mit Feng Shui arbeitet, wird im Leben weniger Schwierigkeiten haben.

eine Antwort kommt. Lassen Sie sich Zeit, bis der erste verschwommene Eindruck sich zu einer klaren Antwort verdichtet hat. Wenn Ihnen ein Einfall ungewöhnlich erscheint oder wenn Sie sich wundern, wie Sie auf so etwas kommen, dann handelt es sich wahrscheinlich um eine Botschaft Ihres Unterbewusstseins.

Fragen Sie sich nach drei Wochen: Was hat sich inzwischen Erfreuliches oder Unerfreuliches ereignet? Muss ich meine Maßnahmen ändern?

Viele Schwierigkeiten können mit Feng Shui gelindert werden, nicht zuletzt darum, weil die Auseinandersetzung mit Feng Shui auch bedeutet, dass man sich einem Problem stellt.

Probleme im Beruf

Berufliche Probleme könnten sein: Sie warten seit Jahren vergeblich auf eine Beförderung, Sie werden nicht Ihren Fähigkeiten entsprechend eingesetzt, Ihre Stelle ist in Gefahr, oder Sie finden keine Stellung. Möglicherweise haben Sie auch ganz allgemein das Gefühl, im Leben nicht weiterzukommen, in eine Sackgasse geraten oder am falschen (Wohn-)Ort zu sein. Führen Sie in diesen Fällen zunächst die oben aufgeführten allgemeinen Maßnahmen durch.

Spezielle Maßnahmen

- Setzen Sie die Farbe Schwarz ein, z. B. an einer Federschale oder einem Werkzeugkasten. Ersatzweise ist auch Grau möglich.
- Benutzen Sie ein Bild oder ein Symbol wie ein Steuerrad (es symbolisiert, dass Sie alles in der Hand haben) oder ein Bild von einem Menschen auf einem Berg. Aktivieren Sie mit solchen Symbolen auch die Berufsecken in den einzelnen Zimmern Ihrer Wohnung.
- Aktivieren Sie auch die Bereiche Anerkennung und Wissen, die Einfluss auf das Weiterkommen haben.

Probleme im Bereich Wissen

Solche Probleme können darin bestehen, dass Ihnen das Lernen schwer fällt und Sie sich manchmal wie »vernagelt« vorkommen. Sie haben das Gefühl, mit einer bestimmten Aufgabe nicht weiterzukommen, und machen immer wieder dieselben Fehler. Vielleicht hindert Sie auch ein innerer Widerstand von vorneherein daran, sich mit einem bestimmten Problem oder einer schwierigen Situation zu befassen. Führen Sie zunächst die zu Anfang des Kapitels angegebenen allgemeinen Maßnahmen durch.

Wenn Probleme auf Energieblockaden zurückzuführen sind, kann Feng Shui oft mit minimalen Mitteln große Erfolge erzielen.

Spezielle Maßnahmen

▶ Setzen Sie die Farbe Blau ein, z. B. als Globus. Ersatzweise können Sie auch mit Schwarz oder Grün arbeiten.
▶ Benutzen Sie ein Bild oder ein Symbol wie z. B. eine Quelle (aus der Ihnen das Wissen zufließt). Aktivieren Sie mit solchen Symbolen auch die Wissensecke in anderen Räumen Ihrer Wohnung.

Probleme mit der Familie

Familienprobleme sind vielfältig: Sie sind mit Ihren Eltern oder anderen älteren Verwandten zerstritten, Sie können sich nicht über die Betreuung pflegebedürftiger Angehöriger einigen, es gibt Zwistigkeiten wegen einer Erbschaft oder der Grabpflege. In besonders schwierigen Fällen müssen Sie sich mit psychischen Verletzungen aus Ihrer Kindheit auseinandersetzen, oder Sie haben das Gefühl, von Ihren Eltern nicht anerkannt zu werden. Führen Sie zunächst die zu Anfang des Kapitels angegebenen allgemeinen Maßnahmen durch.

Spezielle Maßnahmen

- Setzen Sie die Farbe Grün ein, z. B. als Topfpflanze oder Tischdecke. Ersatzweise ist auch Blau möglich.
- Benutzen Sie ein Bild oder ein Symbol wie etwa Fotos von Ihren Angehörigen und Vorfahren oder eine Ahnentafel.

Nicht allein bei der Wohnungsgestaltung, auch bei bestimmten Problemen oder in besonderen Situationen lassen sich die Regeln des Feng Shui anwenden.

Probleme im Bereich Reichtum

Denkbar wäre z. B., dass Sie nicht mit Ihrem Geld auskommen, dass Sie übertrieben sparen müssen oder meinen, sich nichts leisten zu dürfen, dass Ihre Kleidung, Ihre Einrichtung ärmlich wirken.
Führen Sie zunächst die zu Anfang des Kapitels angegebenen allgemeinen Maßnahmen durch. Aktivieren Sie die Bereiche »Anerkennung« und »Beruf«, die oft mit Reichtum verknüpft sind.

Spezielle Maßnahmen

- Setzen Sie die Farbe Purpur ein, beispielsweise an einer Spardose. Die Chinesen binden einige alte Münzen – die mit dem viereckigen Loch in der Mitte – mit einem purpurroten Band zusammen und hängen sie in der Reichtumsecke auf. Ersatzweise sind auch Grün und Rot möglich.
- Benutzen Sie ein Bild oder ein Symbol wie ein Füllhorn, aus dem sich alle guten Gaben ergießen.
- Viele Männer nehmen abends beim Ausziehen das Kleingeld aus den Taschen und legen es auf eine Kommode oder auf den Nachttisch. Gewöhnen Sie sich an, das Geld über Nacht in die Reichtumsecke Ihres Schlafzimmers zu legen. Wenn Sie dort keine Ablagefläche

haben, befestigen Sie einen Aschenbecher o. Ä. für diesen Zweck an der Wand. Manche Frauen heben Kleingeld im Küchenschrank auf. Überprüfen Sie auch hier, ob diese Kasse in der Reichtumsecke steht. Wenn nicht, suchen Sie sich dort einen Platz; vielleicht auf einem Regal. Man kann auch einfach einen Beutel an die Wand hängen und das Geld dort hineintun.

Feng Shui allein reicht nicht aus, um einen völlig neuen Menschen aus Ihnen zu machen. Sie müssen auch bereit sein, sich mit Ihren persönlichen Stärken und Schwächen auseinander zu setzen.

Probleme im Bereich Anerkennung

Sie haben ein Problem im Bereich Anerkennung, wenn Sie z. B. nicht genügend beachtet oder geringschätzig behandelt werden, wenn Sie sich wie eine Null vorkommen, von anderen übersehen und übergangen werden, wenn Ihnen ständig das Wort abgeschnitten wird oder wenn Sie das Gefühl haben, dass andere Sie herumkommandieren. Es stört Sie, wenn Sie als Hausfrau für andere die Putzfrau spielen müssen. Sie haben das Gefühl, nicht akzeptiert zu werden, und kommen sich minderwertig vor. Führen Sie zunächst die zu Anfang des Kapitels angegebenen allgemeinen Maßnahmen durch.

Spezielle Maßnahmen

- Setzen Sie die Farbe Rot ein, z. B. als Bilderrahmen oder als Passepartout für ein Diplom oder Zeugnis. Ersatzweise ist auch Purpur möglich.
- Benutzen Sie das Bild einer Examensurkunde, die Sie noch nicht haben, aber erwerben wollen. Oder das Bild von einem Menschen, dem von allen Seiten applaudiert wird. Visualisieren Sie innerlich das Ziel, auf das Sie zuarbeiten. Solche Tagträume sind keine Dummheiten, sondern eine Möglichkeit, innere Bilder Wirklichkeit werden zu lassen.

Probleme in der Partnerschaft

Schon die Tatsache, dass Sie sich mit dem Problem ernsthaft auseinander setzen und versuchen, eine Lösung zu finden, hilft sehr bei dessen Bewältigung.

Es könnte beispielsweise sein, dass Ihre Ehe sich in einer Krise befindet, dass Misstrauen zwischen Ihnen und Ihrem Partner herrscht oder dass Sie allein leben und trotz aller Bemühungen keinen Partner finden. Denkbar wäre auch, dass Ihre Beziehungen stets nach relativ kurzer Zeit wieder ein Ende finden, dass zwischen Ihnen und anderen Menschen häufig Missverständnisse auftreten oder dass Sie sich mit Ihren Lehrern, Kollegen oder Vorgesetzten nicht verstehen. Führen Sie zunächst die zu Anfang des Kapitels angegebenen allgemeinen Maßnahmen durch.

Aktivieren Sie auch die Bereiche Anerkennung und Tai Chi, die einen nicht zu unterschätzenden Einfluss auf Beziehungen haben.

Ob eine Beziehung glücklich ist, hängt von vielen Faktoren ab. Mit Feng Shui können Sie Ihre Partnerschaft positiv beeinflussen und problematischen Situationen gegensteuern.

Spezielle Maßnahmen

▶ Setzen Sie die Farbe Rosa ein, z. B. als Kissen oder als Blütenfarbe bei einem Blumenstrauß. Wenn Ihnen Rosa nicht liegt, versuchen Sie es mit einer Kombination aus Rot und Weiß.

▶ Benutzen Sie Bilder oder Symbole wie zwei Herzen, Rosen, zwei ineinander verschlungene Ringe, eine Hochzeitskutsche o. Ä.

▶ Aktivieren Sie auch die Partnerschaftsecke in anderen Räumen Ihrer Wohnung. Im Bad können z. B. zwei Fische diese Aufgabe übernehmen.

Unterhalten Sie sich mit Ihren Kindern darüber, was sie z. B. im Kinderzimmer stört. Oft haben Kinder noch einen unverstellten Zugang zu ihren Gefühlen und geben wertvolle Hinweise.

Probleme mit den Kindern

Solche Probleme könnten sein: Sie haben ständig Streit mit Ihren Kindern bzw. mit einem Ihrer Kinder oder Sie werden von Ihren Kindern nicht respektiert. Ihre geistigen Kinder, nämlich Ihre Produkte, lassen sich nicht verkaufen, Ihre Firma läuft schlecht, mit Ihren Projekten oder Vorhaben geht es nicht weiter. Führen Sie zunächst die zu Anfang des Kapitels angegebenen allgemeinen Maßnahmen durch. Aktivieren Sie auch die Bereiche Wissen und Anerkennung, die oft eng mit dem Verhältnis zu unseren Kindern verknüpft sind.

Spezielle Maßnahmen

▶ Setzen Sie die Farbe Weiß ein, z. B. als Fenstervorhänge, als Spielkiste oder als Schreibunterlage. Als Zweitfarbe können Sie auch Gelb benutzen.

▶ Benutzen Sie ein Bild oder ein Symbol wie Tierkinder. Größere Kinder werden ihre eigenen Bilder wählen, beispielsweise Popstars oder Sportgrößen.

Probleme mit Helfern und Freunden

Von jemandem, der sein seelisches Gleichgewicht verloren hat, sagt man, er sei »aus dem Lot geraten«. Unsere Mitte zu finden ist eine Lebensaufgabe, die wir gar nicht zu wichtig nehmen können.

Solche Probleme haben Sie, wenn z. B. niemand Ihnen freiwillig hilft oder Ihnen im Bedarfsfall einen Gefallen tut, wenn Sie für kleine Arbeiten im Haus lange nach einer Hilfe suchen und die betreffende Person teuer dafür bezahlen müssen, wenn Ihnen kein älterer Mensch mit Rat und Tat zur Seite steht, Ihre Nachbarn Ihnen fremd sind und Sie niemanden in der näheren Umgebung kennen, an den Sie sich in Notlagen wenden könnten. Führen Sie zunächst die zu Anfang des Kapitels angegebenen allgemeinen Maßnahmen durch.

Spezielle Maßnahmen

- Setzen Sie die Farbe Grau ein, z. B. als Telefonregister. Lockern Sie die Helferecke durch Topfpflanzen oder einen Blumenstrauß auf. Die Kombination von Schwarz und Weiß hat sich in diesem Zusammenhang ebenfalls als sehr wirkungsvoll erwiesen.
- Benutzen Sie ein Bild oder ein Symbol wie Heinzelmännchen. Aktivieren Sie auch die Helferecke in anderen Räumen Ihrer Wohnung.

Probleme im Bereich Tai Chi

Solche Probleme machen sich vor allem durch chronische oder immer wiederkehrende Krankheiten bemerkbar oder dadurch, dass Sie leicht von anderen zu beeinflussen sind und sich schwer entscheiden können. Ein typisches Kennzeichen ist es auch, wenn Sie schnell außer sich geraten oder mit Ihrem Leben unzufrieden sind. Führen Sie zunächst die zu Anfang des Kapitels angegebenen allgemeinen Maßnahmen durch.

Spezielle Maßnahmen

▶ Setzen Sie die Farben Gelb, Orange, Gold und Braun ein, z. B. als Teppich, als Möbelbezugsstoff oder Wandfarbe. Ersatzweise ist auch Rot möglich.

▶ Benutzen Sie ein Bild oder ein Symbol wie das Yin-Yang-Zeichen. Halten Sie die Mitte Ihrer Wohnung möglichst frei, damit das Chi sich dort sammeln kann. Für Menschen aus dem westlichen Kulturkreis kann ein Bild des sternenübersäten Nachthimmels ein Symbol für Tai Chi sein. Vielleicht haben Sie auch Ihr ganz persönliches Sinnbild, das Sie dort anbringen möchten.

Eine jährliche Rückbesinnung kann durchaus ergänzt werden durch regelmäßige Selbstbefragungen. Dies gibt Ihnen nicht nur Aufschluss über die erreichten und nicht erreichten Ziele, sondern sensibilisiert Sie auch für die eigene Befindlichkeit und die Eigenschaften, denen Sie ein besonderes Augenmerk geben sollten.

Ihre Checkliste

Fertigen Sie eine Liste mit allen Veränderungen an, die Sie mit Hilfe von Feng Shui in Ihrer Wohnung vorgenommen haben. Prüfen Sie nach einem Jahr die Ergebnisse:

- Haben Sie z. B. heute ein besseres Einkommen als früher?
- Haben Sie als Single einen Partner gefunden, oder vertragen Sie sich besser mit Ihrem Partner als vor einem Jahr?
- Hat sich Ihre Stellung im Beruf verbessert?
- Hat sich Ihr Verhältnis zu Eltern und Verwandten verändert?
- Geht es Ihren Kindern (Ihrer Firma, Ihren Erzeugnissen) gut?
- Sind Sie klüger geworden?
- Fühlen Sie sich gesünder?
- Werden Sie von anderen Menschen mehr geschätzt?
- Haben Sie neue Zukunftsaussichten?
- Haben Sie in Alltagsdingen mehr Glück?

Impressum
Der Südwest Verlag ist ein Unternehmen der Econ Ullstein List Verlag GmbH & Co. KG, München.

5. Auflage 2001

Redaktion: Reinhard Bröker
Projektleitung: Dr. Brunex Zatellka
Redaktionsleitung: Dr. med. Christiane Lentz
Bildredaktion: Sabine Kestler
Produktion: M. Metzger (Leitung), A. Aatz, Dr. E. Weigele-Ismael
Umschlag: Matthias Liesendahl, München
Layout: Wolfgang Lehner
DTP: Matthias Liesendahl

Printed in Italy
Gedruckt auf chlor- und säurearmem Papier

ISBN 3-517-08153-1

Über die Autorin

Karola Berger war Pädagogin und Psychologin. Sie arbeitete als Lektorin in der Erwachsenenbildung. Ihr Interesse galt fernöstlichen Kulturen und Fragen der Innenarchitektur; sie hat sich besonders ausgiebig mit Feng Shui befasst. Karola Berger verstarb 1999.

Literatur

Walters, Derek: Die Kunst des Wohnens. Feng Shui. Otto Wilhelm Barth Verlag. 6. Auflage, München 1995
Meyer, Hermann/Sator, Günther: Besser leben mit Feng Shui. Irisiana Verlag. München 1997
Kraatz v. Rohr, Ingrid: Praktischer Leitfaden Feng Shui. Nymphenburger Verlag. München 1996

Hinweis

Das vorliegende Buch ist sorgfältig erstellt worden. Dennoch erfolgen alle Angaben ohne Gewähr. Weder Autorin noch Verlag können für eventuelle Nachteile oder Schäden, die aus den im Buch gemachten praktischen Hinweisen resultieren, eine Haftung übernehmen.

Bildnachweis

Bavaria, Gauting: U1 (Panoramic Images); Das Fotoarchiv, Essen: 8, 36 (Bob Krist), 18 (David Mc Intyre); IFA-Bilderteam, Taufkirchen: 106 (Photex); Interfoto, München: 100 (Karger-Decker); Kerth Ulrich, München: 4, 28, 60, 71, 74, 82, 85; Premium, Düsseldorf: 23 (Orion Press); Tony Stone, München: 1 (Keren Su), 7 (John Lamb), 79 (Art Wolfe), 90 (Keren Su)
Alle Illustrationen stammen von Roger Kausch, München